강하지 않아도
괜찮아

강하지 않아도 괜찮아

발행일   2018년 10월 1일

지은이   임 동 환
펴낸이   손 형 국
펴낸곳   (주)북랩
편집인   선일영   편집   오경진, 권혁신, 최승헌, 최예은, 김경무
디자인   이현수, 김민하, 한수희, 김윤주, 허지혜   제작   박기성, 황동현, 구성우, 정성배
마케팅   김회란, 박진관
출판등록 2004. 12. 1(제2012-000051호)
주소   서울시 금천구 가산디지털 1로 168, 우림라이온스밸리 B동 B113, 114호
홈페이지 www.book.co.kr
전화번호 (02)2026-5777   팩스   (02)2026-5747

ISBN   979-11-6299-344-6 03230(종이책)   979-11-6299-345-3 05230(전자책)

이 도서의 국립중앙도서관 출판예정도서목록(CIP)은 서지정보유통지원시스템 홈페이지(http://seoji.nl.go.kr)와
국가자료공동목록시스템(http://www.nl.go.kr/kolisnet)에서 이용하실 수 있습니다.
(CIP제어번호: CIP2018030287)

| 임동환 지음 |

강하지 않아도 괜찮아

삶에 지친 사람들을 위한 성경 묵상

북랩 book Lab

사도 바울은 "그러므로 내가 그리스도를 위하여 약한 것들과 능욕과 궁핍과 박해와 곤고를 기뻐하노니 이는 내가 약한 그 때에 강함이라"(고후 12:10)라고 고백합니다. 만물 중에 그 무엇보다 연약한 것이 인생이지만, 예수님 안에 있으면 강합니다. 전능하신 주님께서 함께하시기 때문에 아무리 약한 사람도 주님 안에서는 강한 존재입니다. 그래서 사도 바울은 "우리가 이 보배를 질그릇에 가졌으니 이는 심히 큰 능력은 하나님께 있고 우리에게 있지 아니함을 알게 하려 함이라 우리가 사방으로 우겨쌈을 당하여도 싸이지 아니하며 답답한 일을 당하여도 낙심하지 아니하며 박해를 받아도 버린 바 되지 아니하며 거꾸러뜨림을 당하여도 망하지 아니한다"(고후 4:7~9)라고 담대하게 선포한 것입니다.

이 책의 저자인 임동환 목사님의 삶은 예수님을 믿고 꿈을 가진 사람이 하나님의 함께하심으로 얼마나 강하고 담대하게 살아가는가를 잘 보여 줍니다. 특히 저자는 성경 묵상을 통해 하나님의 사랑과 은혜를 많은 사람에게 전파하고 있는데, 이번에 출간되는 저서는 그 은혜를 보다 많은 사람과 나누기 위한 노력입니다. 이 책에는 일생 동안 목회자의 길을 신실하게 걸어온 저자가 경험했던 하나님의 은혜와 사랑이 고스란히 담겨 있습니다. 아무쪼록 많은 분이 이 책을 통해 하나님과 함께 담대한 믿음의 삶을 살아가시기를 바라며 이 책을 기쁘게 추천합니다.

여의도순복음교회
원로목사 조용기

강한 자만이 살아남는다고 아우성치는 세상 속에서, 강하지 않아도 괜찮다는 목소리가 위로가 되는 이유는 하나님께서 그렇게 말씀하고 계시기 때문입니다.

내게 이르시기를 내 은혜가 네게 족하도다
이는 내 능력이 약한 데서 온전하여짐이라 하신지라(고후 12:9)

극동방송의 목요일 '희망칼럼'을 맡고 계신 임동환 목사님이 삶에 지친 사람들을 위한 묵상집을 출간했습니다.
하나님의 말씀을 들으면 세상을 이길 믿음이 생깁니다.
이 책을 읽는 모든 분이 연약한 자를 일으켜 세워 쓰시는 하나님과 더욱 친밀하게 만나고, 그 안에서 늘 승리하시기를 축복합니다.

극동방송 이사장
김장환 목사

성경에 등장하는 믿음의 사람들은 고난 가운데서 한 민족을 세우기도 하고, 노예와 같이 살아가는 사람들을 애굽에서 건져 내어 하나님이 약속한 땅으로 인도하기도 하고, 이스라엘에 대항하여 다가오는 수많은 적을 상대로 큰 승리를 거두기도 했다. 놀라운 것은 그런 일을 한 사람들이 처음부터 특별한 사람들은 아니었다는 사실이다. 하나님이 그들을 처음 부르셨을 때 그들은 하나님이 맡기시는 일을 할 수 없는 연약한 존재라고 고백했고, 두려움에 떨었던 사람들이었다. 그렇게 연약한 사람들이 어떻게 놀라운 일들을 이룰 수 있었을까? 하나님은 약한 사람들을 세우셔서 강하게 하시고 놀라운 일을 이루시는 분이시기 때문이다. 하나님은 오늘도 우리를 부르시고 우리에게 "강하지 않아도 괜찮다."고 말씀하신다.

나는 평범한 가정에서 태어나서 고등학교 시절에 아버지의 사업이 망하면서 꿈을 잃고 무기력함 속에서 하루하루를 보내게 되었다. 당시의 나는 아무것도 할 수 없는 사람이라고 생각하며 살았다. 마음에는 열등감과 두려움이 가득했다. 그 시기에 어머니는 이웃에 사시는 분의 전도를 받아서 교회를 나가시면서 나에게도 교회를 나갈 것을 권하였다. 나는 교회에 출석하면서 성경에 등장하는 야곱, 모세, 여호수아, 기드온과 같은 사람들의 이야기를 묵상하게 되었다. 그러면서, 하나님은 연약한 사람들을 부르셔서 놀라운 일을 이루시는 하나님이심을 알게 되었다. 연약한 그들이 할 수 있다면 나도 할 수 있겠다는 생각이 들기 시작했다. 그 이후의 나의 삶은 끝없는 도전의 연속이었다. 가정의 형편이 좋지 않아서 대학을 진학하지 못한다고 생각했지만, 직장 생활을 하면서 방송통신대학교 영어과를 진학하여 학사 학위를 받을 수 있었다. 또한, 소명을 받은 후 사역을 위하여 신학교에 진학했으며, 사역을 하면서 감리교신학대학원에서 석사 학위를 받았다. 이후 미국에서 사역을 하면서 미국 리전트대학교에서 박사 과정을 전공하여 목회학 박사 학위를 받고, 미국 바이올라 대학교에서 교육학 박사 학위를 받았다. 미국 베데스다 대학교에서 부총장으로 사역했고, 일본 오사카 순복음 교회에서 담임목사로 사역했고, 한국에 귀국하여 순복음영산신학원

학장으로 사역했으며, 지금은 경기도 하남시에 있는 여의도순복
음하남교회에서 담임목사로서 사역하고 있다. 그리고 방송과 세
미나 등으로 '상한 마음의 치유와 용서'를 전하며 상한 마음으로
힘들어하는 사람들의 마음을 치유하고 있다. 희망도 없고 꿈도
없던 한 청년이 많은 세월이 흐른 지금은 사람들의 마음을 치유
하고, 힘을 주고 도전을 주는 일을 하고 살아간다. 이 모든 것이
약한 사람을 불러 강하게 만드시는 하나님의 은혜이다.

나는 2018년도에 CTS 기독교 TV에서 매주 화요일 오후에 '빛
으로 소금으로'라는 프로그램을 인도했다. 그 프로그램에서 평
소에 내가 은혜받았던 성경의 인물들을 묵상하고 나누었다. 이
책은 그 프로그램에서 내가 묵상하고 나누었던 내용을 정리한
것이다.

본서의 1장에서는 성경 묵상에 익숙하지 않은 분들을 위하여
성경 묵상의 유익함과 성경을 어떻게 하면 효과적으로 묵상할
수 있는가에 관한 기초적인 내용을 다루었다. 2장에서는 야곱의
이야기, 3장에서는 모세의 이야기, 4장에서는 여호수아의 이야

기, 5장에서는 기드온의 이야기, 6장에서는 삼손의 이야기, 7장에서는 룻의 이야기를 묵상하면서 하나님이 쓰신 사람들에 대하여 나누었다.

이 책은 여러 용도로 쓰일 수 있다. 제시된 성경 본문을 읽으며 개인적인 묵상을 위하여 사용할 수도 있고, 가정 예배나 소규모 성경 공부에서 말씀 묵상의 교재로 사용할 수도 있으며, 목회자의 경우에는 특별 기도회나 새벽 기도회에서 성도들과 함께 묵상하고 나눌 수도 있다. 신학생들의 경우에는 설교 준비를 위한 묵상의 눈을 열어주는 책이 될 수 있다. 위로와 격려가 필요한 성도들의 가정을 심방할 때 사용할 수도 있을 것이다. 요즘 우리 주변에는 삶에 지친 사람들이 너무나 많다. 그런 분들이 이 책을 읽고 소망을 가지고 살아갈 힘을 얻을 수 있기를 기도한다. 강하지 않아도 괜찮다. 하나님이 함께하시기 때문이다.

임동환

제 1 장

성경을 어떻게 묵상할 것인가?

성경 묵상의 유익

성경 묵상은 꿈이 없는 사람에게 꿈을 준다. 하나님이 아브라함을 부르셨을 때, 아브라함은 아무것도 가진 것이 없는 75세의 노인이었다. 그에게는 꿈도 희망도 없었다. 그런 아브라함에게 하나님은 "내가 너로 큰 민족을 이루고 네게 복을 주어 네 이름을 창대케 하리니 너는 복이 될지라(창 12:2)."라고 말씀하셨다. 아브라함은 하나님이 주신 약속의 말씀을 묵상할 때 그 마음에 꿈이 생겼다. 하나님은 아브라함이 흔들리고 마음이 약해질 때 다가오셔서 그에게 말씀을 주셨다(창 15:1). 아브라함은 그 말씀을 묵상하면서 자신에게 주신 꿈을 붙들고 살아갈 수 있었다.

성경 묵상은 약한 사람에게 능력을 준다. 하나님이 모세를 떨기나무 불꽃 가운데서 부르셨을 때 모세는 80세의 노인이었다.

하나님이 모세에게 애굽에 가서 이스라엘 백성들을 구원하여
내라고 말씀하실 때 모세는 자신은 입술이 둔하여 이 일을 할
수 없다고 생각했다. 그러나 그런 모세에게 하나님은 반드시 "내
가 너와 함께 있으리라."는 말씀을 주셨다(출 3:12). 모세는 하나
님이 주신 약속의 말씀을 묵상하며 힘을 얻었다.

성경 묵상은 두려움을 이길 힘을 준다. 하나님은 모세의 뒤를
이어서 이스라엘 백성들을 인도할 막중한 책임을 가지게 되어
두려워 떨고 있는 여호수아에게 율법을 묵상하라고 말씀하셨
다. 여기서 말하는 율법은 구약성경의 창세기부터 신명기까지의
성경의 초반부에 나오는 다섯 성경을 의미한다.

> 이 율법책을 네 입에서 떠나지 말게 하며 주야로 그것을 묵
> 상하여 그 안에 기록된 대로 다 지켜 행하라 그리하면 네 길
> 이 평탄하게 될 것이며 네가 형통하리라(수 1:8)

여호수아에게 있어 모세의 뒤를 이어서 이스라엘 백성들을 이
끌고 가나안으로 들어간다는 것은 두려운 일이었을 것이다. 여
호수아는 자기 자신을 바라볼 때 모세에 비하면 갖추어진 것도
없고, 부족하고 약한 사람이라고 생각했을 것이다. 그런 여호수
아에게 하나님은 율법의 말씀을 주야로 묵상하며 그 안에 기록
된 대로 다 지켜 행할 때 그의 길이 평탄하게 될 것이며, 형통하
게 된다고 말씀하셨다.

성경 묵상은 우리에게 하나님을 더욱 깊이 알게 해 준다. 성경을 읽고 묵상할 때 우리는 하나님이 누구신지 더 잘 알게 되고, 하나님이 우리를 얼마나 사랑하시는지 알게 되어 우리의 마음이 더욱 하나님을 향하게 하여 하나님과 동행하는 삶을 살 수 있도록 해 준다. 성경을 묵상할 때 하나님은 그 말씀을 통하여 매일 우리를 인도하여 주신다. 성경을 매일 묵상하면 시냇가에 심은 나무가 시절을 따라서 열매를 맺듯이 우리도 성령의 열매를 맺는 삶을 살게 된다.

> [2] 오직 여호와의 율법을 즐거워하여 그의 율법을 주야로 묵상하는도다 [3] 그는 시냇가에 심은 나무가 철을 따라 열매를 맺으며 그 잎사귀가 마르지 아니함 같으니 그가 하는 모든 일이 다 형통하리로다(시 1:2~3)

성경 묵상은 우리에게 자유를 준다. 예수님은 우리에게 진리가 우리를 자유롭게 한다고 말씀하셨다(요 8:32). 우리가 성경을 읽고, 묵상하며, 그 말씀을 적용하고 살아갈 때 그 말씀의 진리 속에서 참된 자유를 얻게 됨을 말씀하신 것이다. 예수님은 나사렛의 회당에서 이사야의 말씀을 읽으시면서 많은 사람이 가난과 포로가 되어 살고 있고, 보지 못함과 눌림 속에서 살아가고 있는 현실을 지적하시면서, 예수님이 오신 이유는 가난한 사람에게 복된 소식을 주며, 상한 마음과 부정적인 생각에 포로된 사람에게 자유를 주고, 영적인 세계를 보지 못하고 어둠 속에서 살아가는 사람에게 영적인 세계를 볼 수 있는 눈을 열어 주며, 눌려서 살아가는 사람에게 자유를 준다고 말씀하셨다. 성경을 읽고 묵상하며, 성령과 깊은 인격적인 교제 속에서 참된 자유를 경험하며 살아가야 할 것을 예수님은 강조하셨다(눅 4:18~19).

성경 묵상은 우리의 상한 마음을 치유한다. 사람들의 마음은 늘 주변에 의해 영향을 받는다. 자신도 모르게 매일 보고 듣는 것에서 영향을 받는다. 어린 시절부터 형성된 마음의 상처로부터 오는 두려움, 분노, 굶주림, 열등감, 죄책감과 같은 상한 마음이 주변의 사람들과의 관계를 깨뜨린다. 그래서 하나님은 매일 주야로 성경을 묵상하라고 하셨다. 그 묵상한 성경이 우리에게 영향을 미쳐서 주변의 사람들과의 관계를 회복하게 하고, 우리의 상한 마음을 치유한다.

성경 묵상은 우리에게 마귀를 대적하고 영적인 승리를 가져올 수 있는 힘을 준다. 예수님이 광야에서 마귀에게 시험을 받으실 때, 사람이 떡으로만 살 것이 아니요, 하나님의 입으로 나오는 모든 말씀으로 살 것이라고 구약의 말씀을 인용하셨다(신 8:3). 예수님은 평소에 말씀을 많이 읽고 묵상하며 암송하고 있어서, 성경 말씀을 수시로 인용하신 것을 볼 수 있다. 우리는 매일 성경 말씀을 묵상할 때 마귀를 대적하고, 영적으로 살 수 있는 힘이 생긴다.

예수께서 대답하여 이르시되 기록되었으되 사람이 떡으로
만 살 것이 아니요 하나님의 입으로부터 나오는 모든 말씀으
로 살 것이라 하였느니라 하시니(마 4:4)

성경 묵상은 우리에게 기도의 응답을 가져온다. 예수님은 성
경을 묵상하며, 그 성경 말씀을 가슴에 간직하고, 그 말씀에 의
지하여 기도할 것을 말씀하셨다. 그렇게 성경 말씀을 붙들고,
말씀 안에서 기도할 때 놀라운 응답을 주시겠다고 약속하셨다.

너희가 내 안에 거하고 내 말이 너희 안에 거하면 무엇이든
지 원하는 대로 구하라 그리하면 이루리라(요 15:7)

성경 묵상은 우리의 부정적인 삶의 태도를 긍정적인 태도로 변
화시킨다. 성경을 묵상할 때 그 성경은 우리의 양심을 찌르고, 우
리의 부정적이고 인본적인 생각을 쪼갠다. 그래서 우리의 생각을
변화시켜 하나님이 기뻐하시는 사람으로 살도록 인도한다.

하나님의 말씀은 살아 있고 활력이 있어 좌우에 날 선 어떤
검보다도 예리하여 혼과 영과 및 관절과 골수를 찔러 쪼개
기까지 하며 또 마음의 생각과 뜻을 판단하나니(히 4:12)

성경 묵상은 우리를 하나님의 사람으로 온전하게 갖추어 준

다. 바울은 디모데에게 성경을 읽는 것과 묵상의 유익함을 설명했다. 성경은 하나님의 감동으로 된 책이기 때문에 우리에게 교훈을 주고, 책망을 주며, 바르게 해 주고, 의로 교육하기에 유익한 책이라는 것이다. 성경을 읽고 묵상할 때 하나님의 사람으로 온전하게 갖추어지며, 선한 일을 할 수 있는 능력을 갖추게 된다는 것이다.

> [15] 또 어려서부터 성경을 알았나니 성경은 능히 너로 하여금 그리스도 예수 안에 있는 믿음으로 말미암아 구원에 이르는 지혜가 있게 하느니라 [16] 모든 성경은 하나님의 감동으로 된 것으로 교훈과 책망과 바르게 함과 의로 교육하기에 유익하니 [17] 이는 하나님의 사람으로 온전하게 하며 모든 선한 일을 행할 능력을 갖추게 하려 함이라(딤후 3:15~17)

성경 묵상은 옛사람을 버리고 새사람으로 살 수 있는 힘을 준다. 사람들은 자신도 모르게 자신의 습관대로 살려는 경향이 있다. 우리가 매일 성경을 묵상해야 하는 이유가 여기에 있다. 주야로 성경을 묵상할 때 자신도 모르게 옛사람으로 돌아가려는 마음의 방향을 새사람으로 돌려놓을 수 있다. 치아 교정을 하는 사람들을 보면 치아와 치아를 잡아 줄 수 있는 지지대를 치아에 붙인 후 치아와 치아를 가는 철사로 묶어둔다. 그래서 그 치아가 원하는 방향으로 자리 잡도록 도와준다. 철사는 계속해서 치아를 잡아줘서 원하는 방향으로 치아를 끌어내고 있는 것이다. 성경 묵상도 그와 같다. 성경을 주야로 묵상할 때 그 성경이 우리를 하나님이 말씀하시는 방향으로 이끌고 가는 것이다. 옛사람으로 돌아가려는 우리의 마음을 새사람으로 살 수 있도록 이끌어 가는 것이다. 그래서 매일 주야로 성경을 묵상하는 것이 중요하다.

[7] 망령되고 허탄한 신화를 버리고 경건에 이르도록 네 자신을 연단하라 [8] 육체의 연단은 약간의 유익이 있으나 경건은 범사에 유익하니 금생과 내생에 약속이 있느니라(딤전 4:7~8)

성경 묵상은 우리를 거듭나게 하고 구원에 이르도록 자라게 한다. 베드로는 말하기를 풀이 마르고, 꽃이 떨어지는 것처럼 인간은 유한한 존재이지만, 하나님의 말씀은 영원하며, 그 하나님의 말씀이 우리를 거듭나게 하고, 구원에 이르도록 자라게 하기 때문에 갓난아기들처럼 성경 말씀을 사모하라고 가르치고 있다.

너희가 거듭난 것은 썩어질 씨로 된 것이 아니요 썩지 아니할 씨로 된 것이니 살아 있고 항상 있는 하나님의 말씀으로 되었느니라(벧전 1:23)

갓난아기들같이 순전하고 신령한 젖을 사모하라 이는 그로 말미암아 너희로 구원에 이르도록 자라게 하려 함이라(벧전 2:2)

효과적인 성경 묵상 방법

성경 묵상에 있어서 네 가지 중요한 중심축이 있다. 첫째로, 성경을 읽고 관찰하는 것이다. 둘째로, 성경의 기록된 의미가 무엇인지를 해석하는 것이다. 셋째로, 성경을 묵상하면서 발견한 내용을 자신의 삶에 적용하는 것이다. 넷째로, 묵상한 말씀의 은혜를 다른 사람과 함께 나누는 것이다.

하워드 핸드릭슨은 효과적인 성경 묵상을 위하여 몇 가지 중요한 가이드라인을 제시하고 있다. 첫째로, 성경을 읽을 때 처음 읽는 것같이 읽으라는 것이다. 전에 읽었던 성경이라는 생각으로 읽으면 내가 이미 아는 내용이라는 생각 때문에 깊은 묵상이 어렵다. 단어 하나하나를 새롭게 읽으려면 성경을 내가 처음 읽는다는 마음으로 읽을 필요가 있다.

둘째로, 연애편지 읽듯이 성경을 읽으라는 것이다. 애인이 보낸 연애편지는 보물과 같다. 사랑하는 마음으로 쓴 편지를 읽고 또 읽는다. 단어 하나하나의 의미를 깊이 생각하게 된다. 성경을 이런 마음으로 읽으라는 것이다.

셋째로, 생각하며 탐구하는 자세로 읽으라는 것이다. 성경은 지금과 다른 시대에 쓰인 책이다. 그래서 성경을 기록할 당시의 언어, 문화, 역사 등을 염두에 두고 읽을 때 성경의 의미가 더 확실해진다. 성경은 여러 장르가 담긴 책이다. 율법, 역사, 시, 예언 등의 여러 장르를 다루기 때문에 성경의 각 부분을 읽고 해석할 때 접근 방법이 달라야 한다.

넷째로, 반복해서 읽으라는 것이다. 밥을 먹을 때 밥을 대충 씹지 않고, 제대로 꼭꼭 씹을 때 소화가 잘되고, 음식이 가진 영양을 제대로 공급받을 수 있다. 이와 같이 성경도 읽고, 또 읽어서 반복해서 묵상할 때 성경의 저자의 의미를 제대로 알고 그 말씀이 주려고 하는 뜻을 깨달을 수 있다.

다섯째로, 깨달음을 갖도록 분석적으로 읽으라는 것이다. 문학 작품을 저술할 때 여러 가지를 고려하여 작품을 만드는 것처럼, 성경도 대조, 비유, 직유, 은유, 과장, 수사학적 표현 등 수많은 문학적인 수사법을 사용하고 있다. 성경의 본문은 분석적으로 읽을 필요가 있다.

여섯째로, 기도하는 자세로 읽으라는 것이다. 성경은 하나님이 영감을 주어 인간 기록자를 통하여 기록하게 하신 것이다. 즉, 성경은 사람이 쓴 책이지만 실제 영감을 주신 분은 하나님이란 뜻이다. 성경이 영적인 책인 이유가 바로 여기에 있다. 성경을 읽을 때 기도하며 성경을 읽어야 할 이유가 여기에 있다. 하나님이 이 본문을 통하여 나에게 말씀하시려는 것이 무엇일까를 기도하며 읽어야 한다.

일곱째로, 묵상하면서 읽으라는 것이다. 깊은 묵상은 성경의 의미를 더 깊이 깨달을 수 있도록 해 준다. '이 본문은 무슨 뜻일까?' '이 본문을 통하여 성경은 나의 삶을 어떻게 바꾸라고 이야기하는 것일까?'와 같은 질문을 던지면서 깊이 있는 묵상을 해야 한다.

여덟째로, 부분을 전체의 흐름 속에서 볼 수 있도록 망원경의 시각을 가지고 읽으라는 것이다. 성경을 읽을 때는 한 부분을 깊이 있게 읽는 것도 중요하지만, 그 본문이 성경 전체와 어떤 조화를 이루고 있는가를 생각할 필요가 있다. 예를 들어 마가복음 4장을 읽고 있다면, 내가 읽는 이 본문이 3장과 5장과는 어떤 관계가 있는지, 더 나아가 이 본문은 전체 마가복음에서 어떤 의미를 갖고 있는지, 더 나아가 전체 성경에서는 어떤 의미를 가지고 있는지 생각해 보아야 한다. 성경은 돋보기로 들여다보듯이 한 부분을 깊이 있게 연구하기도 하지만, 전체적인 흐름을 파악하기 위하여 망원경으로 들여다보듯이 멀리서 전체적인 내용을 살펴볼 필요도 있다.

성경을 효과적으로 묵상하기 위해서는 매일 성경을 읽고 묵상하는 것이 좋다. 매일 성경을 읽고 묵상하다가 하루 빠졌다고 해서 전날의 분량을 한꺼번에 묵상하려고 하기보다는 빠뜨린 부분은 넘어가고, 그날에 주어진 본문을 묵상하는 편이 좋다.

성경은 아무 곳이나 펼쳐지는 곳을 묵상하기보다는 매일 성경을 정해 놓고 순서에 따라 읽으며 묵상하는 것이 좋다. 구약이나 신약 중에서 한 곳만 계속해서 묵상하기보다는 구약을 묵상했으면 다음에는 신약을 묵상하는 것과 같이 번갈아 가며 신약과 구약을 묵상하는 것이 좋다.

성경을 묵상할 때는 정해진 장소에서 묵상하는 것이 좋다. 정해진 장소에서 성경을 묵상하게 되면 집중이 잘 되고, 그곳에서 항상 은혜를 받기 때문에 말씀의 은혜에 들어가는 데 도움이 된다.

성경을 묵상할 때는 먼저 찬양을 한 곡 부르며 시작하는 것이 좋다. 찬양을 드릴 때 마음이 정리가 되고, 하나님께 집중하는 데 도움이 된다. 찬양을 부른 후 성경을 읽기 전에는 먼저 기도하는 것이 좋다. 성경을 읽고 묵상할 때 깨닫게 해 주시고, 나에게 주시는 말씀을 발견하게 해 달라고 하나님께 기도해야 한다.

성경을 묵상했으면 받은 은혜를 노트에 기록하는 것도 좋다. 기록해 둔 묵상의 내용은 나중에 읽어 보아도 큰 은혜가 된다. 사람들은 쉽게 잊어버린다. 오늘 받은 은혜도 며칠이 지나면 잊어버릴 수 있다. 그래서 받은 은혜를 노트에 기록하는 것이 중요하다.

성경을 묵상했으면 묵상한 내용이 내게 어떤 의미가 있는지 해석해 보고, 자신에게 적용하는 것이 중요하다. 적용은 구체적이어야 한다. 모호한 적용은 적용할 수 없다. 적용은 실현 가능해야 한다. 추상적인 적용은 적용할 수 없기 때문이다.

성경을 묵상했으면 나눔을 갖는 것이 중요하다. 같은 본문을 여러 사람과 같이 묵상하고, 그 내용을 같이 나눌 때 은혜는 더욱 깊어진다. 같은 본문을 읽고 묵상했어도, 사람들이 받은 은혜는 다양하기 때문이다. 나눔을 할 때 조심해야 하는 것은 내가 받은 은혜만이 최고라는 태도를 가져서는 안 된다는 점이다. 하나님은 성경 본문을 묵상할 때 각자의 처한 환경에서 다르게 위로하시고 깨달음을 주시고 은혜를 주실 수 있기 때문이다.

성경을 묵상할 때 처음부터 주석이나 강해 설교집을 참고하는 것은 좋지 않다. 처음에는 성경 본문을 몇 번씩 주의 깊게 읽고, 묵상한 후에 잘 모르는 단어는 다른 성경 번역본을 참고해 보는 것도 좋다. 쉬운 말로 기록된 성경을 참고하는 것도 좋고, 영어를 읽을 수 있으면 영어 번역본을 참고하는 것도 좋다. 영어 성경은 일반적으로 NIV 성경을 많이 읽지만, 좀 더 학구적인 내용의 영어 성경은 NASB 성경이다. 성경 사전을 참고하여 단어의 뜻을 파악하고, 성경의 기록 연대, 시대적 배경 등을 참고하기 위해서는 성경의 개론적인 사실을 기술하고 있는 성서 핸드북을 참고하는 것이 좋다.

성경 본문을 관찰하고, 해석하면서 어떤 사람은 성경 본문과 직접적인 관련이 없는 것에 근거해서 해석하거나, 성경의 모든 부분에 영적인 의미를 부여하여 영적 해석을 하려고 하는데 이는 조심해야 한다. 성경을 관찰하고, 해석하는 데 있어서 중요한

것은 성경이 기록될 당시의 의미가 무엇인지 생각해 보고, 그 의
미가 오늘을 살아가는 우리에게는 어떤 의미가 있는지 생각해
보아야 한다는 점이다.

성경 묵상을 위한 고전적인 방법이 있다. 그것을 흔히 PRESS
법이라고 한다. 그 방법은 다음과 같다. 첫째로, 성경 묵상을 하
기 전에 잠시 기도로 시작하라는 것이다(Pray for a moment). 둘
째로, 성경을 읽으라는 것이다(Read His Word). 셋째로, 말씀을
관찰하고 묵상하라는 것이다(Examine His Word). 넷째로, 묵상
한 내용을 자신의 삶에 적용하라는 것이다(Say back to God). '하
나님. 이 말씀을 왜 저에게 주십니까?' 하는 질문을 하나님께 드
리며 그 말씀을 자신의 삶에 적용하는 것이다. 다섯째로, 성경
묵상을 통하여 발견한 은혜를 이웃들과 나누라는 것이다(Share
with others what you have found).

묵상한 말씀의 효과적인 실천을 위하여 SPACE 법을 사용하기
도 한다. 그 방법은 다음과 같다. 첫째로, 묵상한 말씀을 통하
여 나의 죄를 고백하라는 것이다(Sins to confess). 둘째로, 묵상
한 말씀을 통하여 내가 붙잡을 수 있는 약속이 무엇인가 생각
해 보라는 것이다(Promise to claim). 셋째로, 묵상한 말씀을 통
하여 내가 피해야 할 행동은 무엇인가 생각해 보라는 것이다
(Actions to avoid). 넷째로, 묵상한 말씀을 통하여 내가 순종해야
할 명령은 무엇인가 하는 것이다(Commands to obey). 다섯째로,
묵상한 말씀을 통하여 내가 따라야 할 모범은 무엇인가 하는 것

이다(Examples to follow). 성경을 읽고, 묵상할 뿐만 아니라, 그 말씀을 우리의 삶에 적용하고 실천할 때 그 말씀은 우리의 삶을 변화시킨다.

성경 해석의 여정을 위한 핵심 단계

테리 G. 카터, J. 스코필드 듀발 및 J. 다니엘 헤이즈에 의하면 성경의 해석의 여정을 위해서는 네 가지 핵심단계가 있다고 이야기 한다(테리 G. 카터, J. 스코필드 듀발, J. 다니엘 헤이즈 공저, 『성경설교』, 성서유니온선교회). 그 단계는 다음과 같다.

1단계: 성경 당시 본문의 의미를 파악하라는 것이다. 성경의 본문이 당시의 청중에게 어떤 의미가 있었는지 관찰하는 것이다. 성경의 본문을 여러 번에 걸쳐서 철저히 읽어야 한다. 본문의 문맥과 상황이 무엇을 말하려고 하는지 주목해야 한다.

2단계: 해석의 강 너비를 측량하라는 것이다. 성경 시대와 오늘 사이에 강물이 흐르고 있다고 설정해 보면, 어떤 부분은 강폭이 넓고, 어떤 부분은 강폭이 좁다는 것이다. 강폭이 넓다는 의미는 성경의 청중과 오늘 우리와의 큰 차이가 있는 것을 의미하고, 강폭이 좁은 것은 큰 차이가 없다는 것을 의미한다.

3단계: 원리화의 다리를 건너라는 것이다. 성경의 저자가 말하려는 신학적인 원리가 무엇인가를 발견하는 것이다. 성경 본문을 묵상하면서 그 본문이 우리에게 이야기하는 신학적인 원리를 발견할 때 그 원리는 시대를 초월하여 동일한 진리를 알려주고 있다는 것이다. 본문에서 성경의 신학적 원리를 발견하기 위해서는 몇 가지 물어볼 부분이 있다. 첫째, 그 신학적 원리가 성경 본문과 분명히 연결되어 있고, 본문의 의미를 잘 반영하고 있는가? 둘째, 그 원리가 영원하고 보편적인가? 아니면 특별한 상황에만 묶여 있는가? 셋째, 그 원리가 여러 문화에 적용할 수 있는가? 아니면 특정 문화에만 해당되는가? 넷째, 그 원리가 성경 전체의 말씀과 조화를 이루는가? 다섯째, 그 원리가 성경을 기록할 당시의 사람들과 현대의 사람들과 유사점과 차이점에 있어서 잘 조화되는가? 등을 물어보라는 것이다.

4단계: 본문이 오늘의 청중에게 주는 의미는 무엇인가 하는 것이다. 이것은 적용 부분에 해당된다. 말씀을 묵상하는 데 있어서 중요한 부분이다. 성경의 본문이 오늘 나에게 무엇을 말씀하는가에 귀를 기울이는 것이다. 말씀 묵상에 있어서 적용은 개인적이어야 한다. 내게 주시는 말씀이 무엇인지 생각해야 한다. 다른 사람을 위한 말씀을 들으려고 해서는 안 된다. 또한 적용은 구체적이어야 한다. 말씀을 묵상하면서 이를 추상적으로 적용하는 것은 실제적인 열매를 맺을 수 없다. 오늘 본문의 말씀이 내게 구체적으로 무엇을 말씀하는지 귀를 기울여야 한다.

이 장에서는 성경 묵상에 대한 유익과 어떻게 성경을 묵상할 것인가를 알아보았으니, 이제 다음 장부터는 실제로 성경을 읽고, 관찰하며 묵상하며, 나에게 주시는 말씀을 발견하고, 적용하고, 나누어 보자.

제 2 장

성경의 핵심 묵상: 야곱

야곱 이야기 1
: 강하지 않아도 괜찮다

창 25:23~26

[23] 여호와께서 그에게 이르시되 두 국민이 네 태중에 있구나 두 민족이 네 복중에서부터 나누이리라 이 족속이 저 족속보다 강하겠고 큰 자가 어린 자를 섬기리라 하셨더라 [24] 그 해산 기한이 찬즉 태에 쌍둥이가 있었는데 [25] 먼저 나온 자는 붉고 전신이 털옷 같아서 이름을 에서라 하였고 [26] 후에 나온 아우는 손으로 에서의 발꿈치를 잡았으므로 그 이름을 야곱이라 하였으며 리브가가 그들을 낳을 때에 이삭이 육십 세였더라(창 25:23~26)

성경에 보면 하나님께서 부르셔서 쓰신 사람들의 이야기가 많이 나온다. 하나님이 쓰시는 사람들은 다른 사람보다 대단한 학식이 있거나, 특별한 가문의 출신이어서 하나님이 부르셔서 쓰신 것이 아니다. 야곱은 약점도 많고 문제도 많은 사람이었다. 그는 욕심도 많고, 인본주의적인 부분이 강하여 둘째 아들이었음에도 불구하고 아버지를 속이고, 형을 속여 장자의 복을 받으려고 했던 사람이다. 그러나 하나님은 그런 야곱을 버리지 않으시고, 단점 많고 약한 그를 세워 쓰셨다. 그는 약하지만, 강하신 하나님이 그와 동행하심으로 그에게 승리의 삶을 주셨기 때문이다. 오늘 본문이 우리에게 주는 교훈은 무엇일까?

첫째로, 하나님은 우리의 기도를 듣고 계신다.

예수님은 우리가 기도하면 그 기도에 응답해 주신다고 말씀하셨다. 기도는 하나님의 기적을 만나는 열쇠이다. 우리가 기도할 때 우리의 기도를 들으시는 하나님이 우리의 모든 것을 채워 주신다고 성경은 약속하고 있다.

> 구하라 그리하면 너희에게 주실 것이요 찾으라 그리하면 찾
> 아낼 것이요 문을 두드리라 그리하면 너희에게 열릴 것이니
> (마 7:7)

아브라함의 집은 자손이 귀한 집이었다. 아브라함도 100세에 이삭을 낳았다. 이삭도 40세에 결혼을 했는데, 에서와 야곱을 낳을 때가 60세였으니, 결혼 후 20년 동안이나 자녀가 없었다. 이삭과 리브가는 하나님께 자녀를 달라고 간구했다.

[21] 이삭이 그의 아내가 임신하지 못하므로 그를 위하여 여호와께 간구하매 여호와께서 그의 간구를 들으셨으므로 그의 아내 리브가가 임신하였더니(창 25:21)

이삭이 자신의 가정에 잉태의 복을 받을 수 있었던 것은 기도에 있었다. 우리도 기도해야 한다. 기도할 때 기적이 일어난다. 기도하면 임신하지 못하던 부부에게 임신의 복을 주시고, 간구하는 기도의 제목에 응답을 주신다. 기도할 때 하나님은 병든 사람을 고쳐 주신다. 오늘도 하나님은 우리의 기도를 듣고 계시고, 기적을 베풀어 주신다. 하나님께 간구하여 응답받는 삶을 살아가자.

둘째로, 하나님은 약한 사람을 쓰신다. 강하지 않아도 괜찮다.

대부분의 사람은 약한 사람보다는 강한 사람을 좋아하고, 지혜 없는 사람보다는 지혜 있는 사람을 좋아한다. 대부분의 사람은 돈 없는 사람보다는 재력이 있는 사람을 좋아하고, 배경이 없는 사람보다는 배경이 있는 사람을 좋아한다. 그런데 성경을 보면 하나님은 그렇지 않다는 것을 알 수 있다. 하나님은 약한 사람, 사람들이 보기에 평범한 사람을 좋아하신다. 그런 사람들을 세워 쓰신다.

이삭의 아들들은 쌍둥이였다. 에서가 먼저 태어나고, 야곱이
태어났다. 그런데 하나님은 에서를 쓰신 것이 아니라, 동생인 야
곱을 쓰셨다. "큰 자가 어린 자를 섬기겠다."라고 말씀하셨다. 하
나님은 왜 그렇게 하셨을까? 그것이 하나님의 절대 주권이다. 약
한 자를 들어 강한 자를 부끄럽게 하시는 분이 하나님이시다(고
전 1:27). 하나님은 다윗을 이스라엘의 왕으로 세우실 때도 형들
이 아니라 막내 다윗을 왕으로 세우셨다.

하나님은 우리의 중심을 보신다. 야곱은 욕심도 많고, 이기적
인 사람이었지만 그의 중심을 보시고, 그의 가능성을 보시고,
하나님은 그를 버리지 않고 쓰셨다. 예수님은 마태복음 11장 29
절에 "나는 마음이 온유하고 겸손하니"라고 말씀하셨다. 예수님
은 늘 하나님만을 높였다. 예수님은 늘 겸손하셨다. 우리도 이
와 같이 하나님의 절대 주권을 인정하고, 약한 사람을 들어 사
용하시는 하나님을 의지하고 살아야 한다. 우리가 꼭 강해야 하

고, 약점이 없어야 하는 것이 아니다. 하나님은 오늘도 우리의 있는 그대로의 모습을 받으시고, 사용하신다.

셋째로, 하나님의 예비하심을 믿으라.

본문에 보면 하나님은 이삭과 리브가에게 "큰 자가 작은 자를 섬길 것이라."라고 말씀하셨다. 그러나, 야곱은 하나님의 예비하심을 알지 못했다. 야곱은 형을 속여 장자의 권리를 죽 한 그릇에 샀으며, 아버지를 속여 장자의 복을 받았다. 야곱이 이렇게 형을 속이고, 아버지를 속이지 않아도 하나님의 때가 이르면 하나님은 큰 자가 작은 자를 섬기게 하실 것이었다. 그러나 야곱은 하나님의 예비하심을 알지 못했고, 기다리지 못했다. 그래서 그는 자신의 생각대로 형의 장자권을 사고, 아버지를 속여 장자의 복을 받아야 한다고 생각했다.

성경 요나서에 보면 하나님은 예비하시는 하나님이다. 큰 물고기를 이미 예비하고 계셨고(욘 1:17), 요나에게 교훈을 주시기 위하여 박 넝쿨을 예비하고 계셨다(욘 4:6). 하나님은 벌레를 예비하였으며(욘 4:7), 뜨거운 동풍을 예비하셨다(요 4:8). 하나님은 오늘도 우리의 모든 것을 예비하고 계신다. 하나님을 의지하고 믿음으로 살아야 한다. 하나님을 믿고, 하나님이 예비하신 때를 기다리고, 하나님을 의지하고 살아야 한다. 하나님은 우리에게 놀라운 일을 준비하고 계신다.

오늘의 묵상 포인트

- 오늘까지 내가 기도하여 응답받은 것을 생각해 보자.
- 하나님이 내가 연약함에도 불구하고 나를 통하여 일하신 기억이 있는가?
- 뒤돌아볼 때 하나님이 나를 위하여 예비하셨다는 생각을 한 적이 있는가?

야곱 이야기 2
: 영적 분별력을 가지고 살라

창 25:29~34

[29] 야곱이 죽을 쑤었더니 에서가 들에서 돌아와서 심히 피곤하여 [30] 야곱에게 이르되 내가 피곤하니 그 붉은 것을 내가 먹게 하라 한지라 그러므로 에서의 별명은 에돔이더라 [31] 야곱이 이르되 형의 장자의 명분을 오늘 내게 팔라 [32] 에서가 이르되 내가 죽게 되었으니 이 장자의 명분이 내게 무엇이 유익하리요 [33] 야곱이 이르되 오늘 내게 맹세하라 에서가 맹세하고 장자의 명분을 야곱에게 판지라 [34] 야곱이 떡과 팥죽을 에서에게 주매 에서가 먹으며 마시고 일어나 갔으니 에서가 장자의 명분을 가볍게 여김이었더라(창 25:29~34)

성경에 보면 부모의 편애로 인하여 고통받는 자녀들의 이야기가 많이 나온다. 야곱도 아버지의 편애로 인하여 많은 고통을 받은 사람이었다. 부모가 자녀들을 편애할 때 자녀들은 마음에 깊은 상처를 받고, 그로 인하여 자신도 어른이 된 후 자신의 자녀를 편애하며 다른 사람에게 고통을 준다.

오늘 본문의 말씀을 통하여 우리에게 주는 교훈은 무엇일까?

첫째로, 부모의 편애는 자녀를 병들게 한다.

오늘 본문에 보면 야곱은 에서가 사냥을 하고 오면 배가 고플 것이고, 그때 자신이 죽을 준비하여 맛있는 냄새를 풍기면 에서가 분명히 그 죽을 달라고 할 것을 알았다. 그러면 그에게 장자의 명분을 자신에게 팔라고 할 것이고, 에서는 대수롭지 않게 여기고 장자의 명분을 자신에게 죽 한 그릇에 팔 것이라고 생각했다.

장자의 명분이 뭐길래 야곱은 에서의 장자의 명분을 사려고 할까? 야곱에게 장자의 명분은 아버지의 사랑 자체였다. 항상 아버지가 장자인 형을 사랑하고, 형을 편애하기 때문에 야곱은 자신이 형의 장자의 권리를 얻어서 아버지의 사랑을 받길 원했기 때문이다. 실제로 야곱은 사냥을 다녀와 배고픈 에서에게 죽 한 그릇에 장자권을 샀다. 이 사건을 통하여 에서와 야곱은 원수가 되었다. 야곱의 이상한 행동은 아버지의 편애가 자녀를 얼마나 병들게 하는 것인가를 보여준다. 우리는 자녀를 양육할 때 자녀들을 편애를 하지 말아야 한다. 자신도 모르게 자녀들을 편애할 수 있다. 그럴 때, 자녀들 간에 마음에 평안을 잃고 살아갈 수 있다. 자녀 간에 서로를 미워하고, 서로 간에 분노하며 살 수 있다. 가정에서 편애가 사라지고 자녀들을 고루 사랑하며, 인정해 주어야 한다. 이것은 먼저 편애로 상처받은 부모의 마음이 치유될 때 가능한 일이다.

둘째로, 영적 분별력을 가지고 살아야 한다.

또 하나 우리가 생각해 보아야 할 것은 에서의 무분별한 행동이다. 에서는 사냥을 하러 갔다가 와서 배가 고플 때, 야곱이 죽 한 그릇을 내밀면서 형의 장자권을 주면 죽 한 그릇을 준다고 했을 때 장자권에 대하여 깊이 생각했어야 했다. 장자권은 말 그대로 장자만이 가질 수 있는 권리였기 때문에 그것은 죽 한 그릇에 팔 수 있는 것이 아님을 알아야 했다. 그것은 자신만이 가질 수 있는 놀라운 영적인 복이다. 아무나 장자의 복을 받을 수 없기 때문이다. 에서는 장자권의 중요성을 알지 못하고, 그것을 죽 한 그릇에 팔았다. 장자권을 죽 한 그릇에 팔라고 한 사람도 문제이지만, 더 큰 문제는 자신의 장자권의 중요성을 모르고 살았던, 분별력이 없었던 에서였다.

우리는 하나님의 자녀이다. 우리가 가진 하나님의 자녀라는 권세가 얼마나 놀라운 복인지를 알아야 한다. 우리가 가진 이 놀라운 권세를 빼앗기지 말아야 한다. 마귀는 우리에게 와서 하나님의 자녀로서의 권세를 중요하지 않게 생각하게 만든다. 세상에서 돈만 많이 벌고, 지위를 가지고 살면 되지, 하나님의 자녀라는 권세가 뭐가 중요하냐고 말한다. 그래서 우리를 세상과 타협하고 살며, 하나님의 자녀로서의 권세를 팔아버리게 만든다. 그러나 우리는 하나님의 자녀로서 놀라운 권세를 잃어서는 안 된다. 분별력을 가지고 살아야 한다.

셋째로, 죄는 작은 것이라도 거절해야 한다.

야곱은 자신이 형을 속여 죽 한 그릇에 장자권을 사야겠다는 생각을 했다. 어느 날 그는 그 생각을 실행에 옮겨 죽을 끓이고, 형에게 죽 한 그릇을 주면서 장자권을 샀다. 생각이 중요하다. 대부분의 죄는 생각에서 시작된다. 형의 장자권을 산다고 하는 것 자체가 말이 안 되는 일이다. 그것도 그 장자권을 죽 한 그릇에 산다는 것도 말이 안 되는 일이다. 그러나 그렇게 말이 안 되는 것도 계속해서 생각하고 있으면, 자신도 모르게 그 생각에 끌려가는 것이다. 그 생각을 자신도 모르게 이행하고 있는 것이다.

우리가 마음에 어떤 생각을 품고 사는가 하는 것이 그렇게 중요한 이유다.

모든 지킬 만한 것 중에 더욱 네 마음을 지키라 생명의 근원이 이에서 남이니라(잠 4:23)

오늘 우리의 마음속에 작은 죄악의 생각이 다가올 수 있다. 그것을 그냥 마음에 두면, 자신도 모르게 그 죄악의 생각이 점점 자라서, 결국은 그 죄악을 행동으로 옮기게 된다. 오늘 우리는 우리의 마음속에 있는 죄의 생각을 내려놓아야 한다. 우리의 마음속에 있는 죄의 생각을 행동으로 옮기려는 태도를 내려놓아야 한다. 아무리 작은 죄의 생각이라고 해도, 그것을 거절해야 한다. 예수님은 마귀가 다가와서 예수님에게 죄의 생각을 넣어줄 때 그것을 단호하게 거절했다.

[8] 마귀가 또 그를 데리고 지극히 높은 산으로 가서 천하만국과 그 영광을 보여 [9] 이르되 만일 내게 엎드려 경배하면 이 모든 것을 네게 주리라 [10] 이에 예수께서 말씀하시되 사탄아 물러가라 기록되었으되 주 너의 하나님께 경배하고 다만 그를 섬기라 하였느니라(마 4:8~10)

마귀는 천하만국과 그 영광을 보여 주며 예수님을 유혹했다. 내게 경배하면 이 모든 것을 주겠다고 했다. 그러나 예수님은 단호하게 거절했다. 주 너의 하나님께 경배하고 다만 그를 섬기라는 것이다. 오늘날 우리에게도 인생을 살아가면서 수많은 죄의 유혹이 다가온다. 그럴 때마다 우리는 세상을 섬기지 말고, 단호하게 하나님만을 섬기고 살아가자.

야곱 이야기 3
: 대화가 있는 부부가 되라

창 27:1~4

[1] 이삭이 나이가 많아 눈이 어두워 잘 보지 못하더니 맏아들 에서를 불러 이르되 내 아들아 하매 그가 이르되 내가 여기 있나이다 하니 [2] 이삭이 이르되 내가 이제 늙어 어느 날 죽을는지 알지 못하니 [3] 그런즉 네 기구 곧 화살통과 활을 가지고 들에 가서 나를 위하여 사냥하여 [4] 내가 즐기는 별미를 만들어 내게로 가져와서 먹게 하여 내가 죽기 전에 내 마음껏 네게 축복하게 하라(창 27:1~4)

이삭은 나이가 들고, 눈이 어두워 가면서 자신이 오래 살지 못할 것을 알았다. 어느 날 이삭은 장자 에서를 불러 장자의 복을 기도해 주겠다고 했다. 이삭은 에서가 사냥을 잘하기 때문에 동물을 잡아서 그것으로 별미를 만들어 가져와 자신에게 먹게 하면, 에서를 축복할 것이라고 이야기했다. 그 이야기는 이삭의 아내 리브가도 들었다. 사실 리브가는 에서보다는 야곱이 아버지의 복을 받기를 원했기 때문에 야곱을 조용히 불러 야곱이 아버지로부터 장자의 복을 받으라고 이야기했다. 이삭과 리브가의 생각이 달랐던 것이다. 왜 리브가는 야곱이 장자의 복을 받기를 원했을까? 리브가는 하나님이 에서와 야곱을 주실 때 주신 말씀을 기억했기 때문이다.

> [23] 여호와께서 그에게 이르시되 두 국민이 네 태중에 있구나 두 민족이 네 복중에서부터 나누이리라 이 족속이 저 족속보다 강하겠고 큰 자가 어린 자를 섬기리라 하셨더라(창 25:23)

리브가는 "큰 자가 어린 자를 섬기리라."라는 말씀을 기억하고, 야곱이 장자의 복을 받아야 한다고 생각했던 것 같다. 그러나 이삭은 당연히 에서가 장자이니 그가 장자의 복을 받아야 한다고 생각했다. 부부가 서로 다른 생각을 하고 있었으니, 갈등이 시작된 것이다. 오늘 본문의 말씀을 통하여 우리에게 주시는 교훈은 무엇일까?

첫째로, 대화를 많이 하는 부부가 되어야 한다.

이삭의 가정을 보면 부부간에 깊은 대화가 없었던 것을 볼 수 있다. 이삭은 에서에게 장자의 축복 기도를 해 주는 것에 대하여 아내 리브가와 의논을 하지 않았던 것 같다. 부부간에 대화가 없다는 것은 부부가 각자 자신의 좋은 대로 생각하고 자신의 마음대로 결정하는 일이 많다는 것을 말한다. 그렇게 되면 남편과 아내 사이에 비밀이 많아지고, 그런 가정은 비정상적인 가정이 되기 쉽다. 이삭은 장남인 에서를 사랑했다. 자신이 아들 에서에게 복을 빌어주는 것이 당연하다고 생각했다. 그러나 아내 리브가의 생각은 달랐다. 장남 '에서'보다는 '야곱'에게 복을 빌어주는 것이 하나님의 뜻이라고 생각했다. 그러나 이 부부는 서로 이 문제에 대하여 상의하지 않았다. 그래서 가정의 갈등의 시작된 것이다. 아버지 이삭은 에서에게 사냥을 해서 맛있는 음식을 준비해 오라고 말했다. 그렇게 하면 그에게 복을 빌어주겠다는 것이다. 그때 이삭과 에서의 대화를 들은 아내 리브가는 야곱에게 이 사실을 말했다. 리브가는 "엄마가 별미를 해줄 테니 네가 가서 장자의 복을 받으라."라고 야곱에게 말했다. 이삭과 리브가 부부는 깊은 대화를 나누지 않고, 자신이 옳다고 생각하는 대로 서로가 각자 좋은 대로 행동에 옮겼다. 남편과 아내가 이렇게 대화가 없이 살아가면, 그 가정에는 남편과 아내 간의 갈등이 끊이지 않게 된다. 오늘 우리의 가정은 어떤가? 남편과 아내 간에 깊은 대화가 있는가?

둘째로, 부부는 긍정적인 대화를 해야 한다.

존 가트맨 박사는 대화에는 서로에게서 달아나는 대화가 있고 서로를 향해서 다가가는 대화가 있다고 했다. 부부가 서로 간에 상한 마음이 있어 분노하고 있을 때 부부는 서로에게서 달아나는 대화를 한다고 한다(존 가트맨, 낸 실버 공저,『(가트맨의) 부부 감정 치유』, 을유문화사). 이를 정리해 보면 다음과 같다.

① 부부는 서로의 이야기에 귀 기울여 들어주어야 한다.

결혼 초기는 로맨스 기간이어서 남편과 아내에게 있는 상한 마음이 잘 나타나지 않는다. 그러나 결혼 초기가 지나고, 시간이 지나 로맨스의 기간이 끝나가면서 자신의 눈에 거슬리는 배우자의 단점이 보이기 시작한다. 연애 시절에는 그 단점까지도 매력으로 보였지만, 이제는 견디기 힘든 단점으로 보이기 시작한다. 이때 부부는 서로의 이야기를 들어주기보다는 자기의 이야기만 하고 상대방을 고치려고 시도하기 쉽다. 서로 멀어져 가는 대화를 시도하는 것이다. 다가가는 대화는 서로를 칭찬하고 인정해 주는 것이지만, 멀어져 가는 대화는 서로를 비난하고, 부부가 서로 동문서답을 하는 것이다.

남편이 "오늘 날씨 좋네!"라고 말하면 아내는 "그래요! 날씨 좋네요!"라고 맞장구를 치는 것이 아니라, 남편의 말은 무시하고, 다른 말을 하는 것이다. 이런 것이 서로에게서 멀어져 가는 대화이다. 남편과 아내는 자신의 마음에 거슬리는 부분을 지적하고, 이야기를 한다. 그러나 배우자는 지적당한 것을 고칠 생각이 없다. 이런 일이 반복될수록 부부간의 친밀감은 점점 더 사라지게 된다. 그래서 부부는 서로가 배우자의 편에 서야 한다는 것이다. 우리는 서로가 같은 편이라는 태도를 보이고, 서로 자주 안아주고 사랑을 표현하라는 것이다. 부부간에 서로 간의 감정을 공유하여 서로의 감정을 이해한다고 이야기해 주라는 것이다. 힘들 때 "당신 정말 힘들었겠네요."라는 말 한마디는 배우자의 마음에 큰 힘을 준다.

② 비난과 잔소리보다는 솔직한 마음을 나누어야 한다.

부부간에 서로 자주 지적을 하다 보면, 그 지적은 잔소리가 된다. 사람들은 상대방이 자신에게 하는 잔소리가 늘어날수록 그 사람에 대한 친밀감은 사라지고, 마음에 방어하려는 생각이 올라온다. 부부는 서로 간에 대화할 때 "당신이 내 말을 안 들어 주고, 나를 비난하는 것 같으면 나는 마음이 상해요."라는 식의 자신의 마음 상태를 표현하는 대화를 해야 한다. 내 마음속의 이야기를 솔직하게 표현하고, 서로에게 잔소리를 멈추어야 한다.

③ 포기하지 말고 인내를 가지며 대화를 시도해야 한다.

배우자가 잔소리를 하고, 비난을 하면 상대방은 방어를 한다. 자신을 변호하는 것이다. 이렇게 자신을 변호하는 것은 사람들이 자신의 안전을 추구하는 습성이 있기 때문이다. 부부관계에서 배우자를 자꾸 비난하면 상대방은 마음이 굳어지고, 계속 방어만 하게 되어 부부간의 관계가 힘들어지게 된다. 해결책은 상대방이 방어를 풀 수 있도록 하는 것인데, 상대방의 방어를 풀게 하려면 부드럽게 다가가야 한다. 처음에는 부드럽게 다가가도 상대방은 쉽게 방어막을 풀지 않는다. 그러나 끈기를 가지고 계속해서 부드럽게 나가면, 상대방은 이제는 방어를 내려놓아도 좋겠다는 생각을 가지면서 방어를 내려놓게 되고, 부부간에 부드러운 관계가 형성된다.

오늘의 묵상 포인트

- 우리 가정은 대화가 있는 가정인가?
- 나는 내 주변의 사람들과 다가가는 대화를 하고 있는가, 아니면 멀어져 가는 대화를 하고 있는가?
- 나는 긍정적인 대화를 하고 있는가? 비난과 잔소리보다는 솔직한 대화를 나누고 있는가?

야곱 이야기 4
: 광야에 계시는 하나님

창 28:10~14

[10] 야곱이 브엘세바에서 떠나 하란으로 향하여 가더니 [11] 한 곳에 이르러는 해가 진지라 거기서 유숙하려고 그곳의 한 돌을 가져다가 베개로 삼고 거기 누워 자더니 [12] 꿈에 본즉 사닥다리가 땅 위에 서 있는데 그 꼭대기가 하늘에 닿았고 또 본즉 하나님의 사자들이 그 위에서 오르락내리락하고 [13] 또 본즉 여호와께서 그 위에 서서 이르시되 나는 여호와니 너의 조부 아브라함의 하나님이요 이삭의 하나님이라 네가 누워 있는 땅을 내가 너와 네 자손에게 주리니 [14] 네 자손이 땅의 티끌같이 되어 네가 서쪽과 동쪽과 북쪽과 남쪽으로 퍼져 나갈 지며 땅의 모든 족속이 너와 네 자손으로 말미암아 복을 받으리라(창 28:10~14)

야곱은 아버지를 속이고, 형을 속이고, 장자의 복을 받았다. 그는 자신이 장자의 복을 받으면 모든 일이 잘 풀릴 것이라고 생각했는지 모른다. 그러나 사실은 더 큰 문제가 그를 기다리고 있었다. 그는 더 이상 집에 있을 수가 없었다. 아버지는 분노했고, 형 에서는 야곱을 가만히 두지 않겠다고 찾아다니고 있었다. 결국 야곱은 집에서 도망 나와 외삼촌 라반의 집으로 향했다. 그렇게 그의 도망자 인생이 시작되었다. 본문을 통해서 하나님이 우리에게 주시는 교훈은 무엇일까?

첫째로, 우리는 광야의 고난을 만난다.

야곱은 집에서 나와 외삼촌 라반의 집으로 도망가다가 광야에서 밤이 깊어 더 이상 갈 수가 없어 돌을 베게 삼아 그곳에서 하룻밤을 보내야 했다. 밤에 전갈과 야생 동물들이 들끓는 광야에서 무슨 일이 생길 줄 아는가? 두렵고 떨리는 마음으로 하룻밤을 보내게 된 야곱은 그 밤에 누구도 그를 돌보아주는 사람이 없는 고아 아닌 고아의 심정이 되어 두려움에 떨었을 것이다. 야곱이 잠이 들었는데 꿈에 보니 사다리가 땅 위에서 하늘에 닿아 있었다. 그 사다리의 끝에는 하나님이 계셨고, 하나님의 사자들은 그 사다리를 오르락내리락하고 있었다. 참 놀라운 광경이었다. 야곱은 그 두려운 광야에 자신 혼자만 있다고 생각했지만, 그곳에는 하나님이 계셨고, 하나님의 천사들이 함께하고 있어서 야곱을 보호하고 있었던 것이다. 이 말씀은 놀라운 은혜를 준다. 야곱은 아버지와 형 에서를 속이고, 도망 나온 사람이었다. 그런 야곱도 하나님이 지켜 주시는 것이다. 하나님은 죄인

도 지켜주신다. 그의 마음을 돌이켜 사용하시기를 원하기 때문
이다. 그것이 하나님의 은혜이다. 야곱은 욕심이 많은 사람이었
고 이기적인 사람이었지만, 하나님은 그런 야곱도 버리지 않으시
고, 그에게 은혜를 베풀어 주셨다.

우리도 인생을 살면서 고난의 광야를 지날 때가 있다. 그때 우
리가 알아야 할 것은 그 어려운 순간에도 우리가 혼자가 아니라
는 것이다. 어떤 고난의 순간에도, 하나님은 그 광야와 같은 자
리에도 함께하신다.

둘째로, 하나님은 언약을 지키는 하나님이시다.

하나님이 광야에서 야곱과 함께하시는 이유가 있다. 하나님이
야곱을 버리지 않고 그와 동행하고 계시는 것은 그의 할아버지 아
브라함과 언약한 것 때문이었다. 하나님은 아브라함에게 언약하
셨다.

> 내가 너로 큰 민족을 이루고 네게 복을 주어 네 이름을 창대
> 하게 하리니 너는 복이 될지라 (창 12:2)

하나님은 아브라함에게 하신 그 언약의 눈으로 야곱을 바라보
고 계신다. 지금은 야곱이 욕심이 많고, 문제투성이고, 이기적이

고, 자기중심적인 사람이지만, 그를 하나님은 포기하지 않으신다. 하나님은 언약을 기억하시고, 그의 후손들에게까지 은혜를 베푸시는 분이시다.

[13] 또 본즉 여호와께서 그 위에 서서 이르시되 나는 여호와니 너의 조부 아브라함의 하나님이요 이삭의 하나님이라 네가 누워 있는 땅을 내가 너와 네 자손에게 주리니 [14] 네 자손이 땅의 티끌같이 되어 네가 서쪽과 동쪽과 북쪽과 남쪽으로 퍼져 나갈지며 땅의 모든 족속이 너와 네 자손으로 말미암아 복을 받으리라 (창 28:13~14)

하나님은 아브라함의 하나님, 이삭의 하나님이라고 말씀하셨다. 그리고 네가 누워 있는 땅을 너와 네 자손에게 주시겠다고 하셨다. 네 자손이 땅의 티끌처럼 되어 퍼져 나가리라는 것이다. 하나님은 언약을 기억하신다. 그리고 그 언약대로 복을 주시는 하나님이시다.

오늘도 하나님은 우리에게 언약하신다. 하나님을 의지하고 순종하는 사람에게 하나님은 복을 주신다.

[1] 네가 네 하나님 여호와의 말씀을 삼가 듣고 내가 오늘 네게 명령하는 그의 모든 명령을 지켜 행하면 네 하나님 여호

와께서 너를 세계 모든 민족 위에 뛰어나게 하실 것이라 [2] 네가 네 하나님 여호와의 말씀을 청종하면 이 모든 복이 네게 임하며 네게 이르리니(신 28:1~2)

하나님을 의지하고, 순종하면 하나님이 예비하신 놀라운 복을 주신다.

셋째로, 하나님은 사람의 마음을 깨뜨려 사용하신다.

야곱은 아버지 이삭이 장자만을 좋아한다고 생각했고, 하나님도 장자에게만 복을 주신다고 생각했다. 그러나 알고 보니 하나님은 야곱을 마음에 두고 계셨다. 왜 그럴까? 하나님은 절대 주권을 가지고 약한 야곱을 들어 그를 쓰시길 원하셨기 때문이다. 지금은 욕심도 많고, 문제도 많고, 이기적인 야곱이지만, 그가 마음이 깨어져서 하나님을 의지하고 살 때는 놀라운 믿음의 영웅이 될 것이기 때문이다. 사실 야곱은 아버지와 형을 속이고 장자의 복을 받을 필요가 없었다. 하나님은 늘 상한 마음을 가지고 살아가는 야곱을 눈여겨보고 계셨고 그를 통하여 놀라운 일을 하시려고 이미 계획하고 계셨기 때문이다. 야곱은 한때는 야심을 가지고 자신이 하나님 앞서서 뭔가를 이루려고 했다. 그러나 야곱은 자신이 이루는 것이 아니라, 하나님의 인도하심이 있어야 이룰 수 있다는 사실을 알지 못했던 것이다.

아버지와 형을 속이고 살았던 야곱은 라반 외삼촌의 집에 가서 외삼촌에게 속임을 당했다. 그는 아내 라헬과 결혼하기 위해서 14년이나 외삼촌을 위해서 일을 해 주어야 했다. 그는 가정을 이루고 나서 고향으로 돌아가게 되었는데, 얍복강에 도착했을 때 형 에서가 자신을 만나러 온다는 소식을 듣게 되었다. 야곱은 두려웠다. 형이 자신을 만나러 오는 것이 자신을 죽이러 오는 것으로 생각되었기 때문이다. 그 순간에도 그는 먼저 죽어도 되는 아내, 자녀들을 제일 먼저 앞세워 보내고, 죽어서는 안 되는 아내 라헬과 그 자녀는 제일 뒤에 보내었다. 그의 인본주의적인 모습은 환난 가운데도 여전한 것을 볼 수 있다. 그날 밤 야곱은 하나님의 사자와 얍복강에서 씨름을 했다. 가족들만 보내고 자신은 건너지 않으려는 이기적이고 자기중심적인 야곱을 깨뜨리려는 하나님의 사자와의 씨름이었다. 거기서 야곱은 환도뼈가 탈골되는 고통을 당하고, 깨어지게 된다. 비로소 야곱의 이름은 야곱에서 이스라엘로 바뀌게 된다. 이제 야곱은 인본주의적인 자아를 내려놓고 하나님을 의지하고 살아가는 사람으로 변화되었다.

제 3 장

성경의 핵심 묵상: 모세

모세 이야기 1
: 우연이라는 이름으로 일하시는 하나님

출 2:1~10

[1] 레위 가족 중 한 사람이 가서 레위 여자에게 장가들어 [2] 그 여자가 임신하여 아들을 낳으니 그가 잘생긴 것을 보고 석 달 동안 그를 숨겼으나 [3] 더 숨길 수 없게 되매 그를 위하여 갈대 상자를 가져다가 역청과 나뭇진을 칠하고 아기를 거기에 담아 나일강 강가 갈대 사이에 두고 [4] 그의 누이가 어떻게 되는지를 알려고 멀리 섰더니 [5] 바로의 딸이 목욕하러 나일강으로 내려오고 시녀들은 나일강 강가를 거닐 때에 그가 갈대 사이의 상자를 보고 시녀를 보내어 가져다가 [6] 열고 그 아기를 보니 아기가 우는지라 그가 그를 불쌍히 여겨 이르되 이는 히브리 사람의 아기로다 [7] 그의 누이가 바로의 딸에게 이르되 내가 가서 당신을 위하여 히브리 여인 중에서 유모를 불러다가 이 아기에게 젖을 먹이게 하리이까 [8] 바로의 딸이 그에게 이르되 가라 하매 그 소녀가 가서 그 아기의 어머니를 불러오니 [9] 바로의 딸이 그에게 이르되 이 아기를 데려다가 나를 위하여 젖을 먹이라 내가 그

삶을 주리라 여인이 아기를 데려다가 젖을 먹이더니 [10] 그
아기가 자라매 바로의 딸에게로 데려가니 그가 그의 아들이
되니라 그가 그의 이름을 모세라 하여 이르되 이는 내가 그
를 물에서 건져내었음이라 하였더라(출 2:1~10)

애굽의 총리가 된 요셉의 초청으로 야곱의 가족들은 모두 애
굽으로 내려갔다. 총리의 가족들이기 때문에, 처음에는 애굽 사
람들이 야곱의 가족들을 잘 대해 주었다. 그러나 세월이 흐르면
서 이스라엘 사람들은 큰 민족을 이루었고, 요셉을 알지 못하는
왕이 즉위하면서 이스라엘 백성들은 애굽 사람들에게 위협적인
존재로 여겨졌다. 번성하고 있는 이스라엘 백성들에게 위협을
느낀 애굽 왕은 이스라엘 사람들이 더 이상 번성하지 못하도록
남자 아기가 태어나면 모두 죽이고, 여자 아기가 태어나면 살리
라고 산파들에게 명령했다. 이런 시기에 모세가 태어났다. 본문
을 통하여 우리에게 주시는 교훈은 무엇일까?

첫째로, 하나님께 맡길 때 하나님이 책임져 주신다.

[1] 레위 가족 중 한 사람이 가서 레위 여자에게 장가들어
[2] 그 여자가 임신하여 아들을 낳으니 그가 잘생긴 것을 보
고 석 달 동안 그를 숨겼으나(출 2:1~2)

모세가 태어날 때 아기를 받는 산파와 부모가 보니 아기가 참 잘생겼다. 그들은 그 아기를 차마 죽일 수 없었다. 그래서 모세의 부모는 모세를 3개월 동안 숨겨서 키웠다. 그러나 목청이 큰 사내 아기라서 더 이상 숨겨 키울 수가 없게 되자, 모세의 부모는 모세를 하나님께 맡기기로 결단했다. 갈대 상자에 역청을 발라 방수 처리를 하고, 그 가운데 모세를 누이고, 나일강에 띄워 보내기로 결단한 것이다. 나일강에 모세를 띄우는 순간, 모세의 부모는 모든 것을 하나님께 맡겼다. 이제 그들이 할 수 있는 것은 아무것도 없었기 때문이다.

하나님은 모세의 부모가 나일강에 모세를 띄우는 순간, 모세의 갈대 상자를 붙들고 계셨다. 하나님은 모세의 인생을 인도하셨다. 오늘 우리도 인생 가운데서 한계를 만날 때가 있다. 내 힘으로, 내 능력으로 무언가가 안 될 때가 있다. 때로는 우리의 문제가, 질병이 우리를 압박해 온다. 그때 우리는 모든 문제를 하나님의 손에 맡겨야 한다. 하나님께 맡길 때 하나님은 일하신다.

둘째로, 하나님은 우연이라는 이름으로 일하신다.

모세의 부모가 나일강에 띄운 갈대 상자는 강물을 따라서 흘러내려 갔다. 그때 우연히 애굽의 공주가 나일강에 목욕을 하러 나왔다. 그리고 우연히 갈대 상자에서 아기 우는 소리를 들었다. 공주가 그 갈대 상자를 가져오라고 명령하여 그 안을 들여다보니, 한 아기가 울고 있는 것이었다.

> 열고 그 아기를 보니 아기가 우는지라 그가 그를 불쌍히 여
> 겨 이르되 이는 히브리 사람의 아기로다 (출 2:6)

공주는 그 아기를 보는 순간 불쌍하다는 생각이 들었다. 누군가 히브리인이 키우다가 사내 아기이기 때문에 키우지 못하고 강물에 띄운 것을 알자, 그 마음속에 불쌍한 마음이 들어 자신이 키우기로 결단했다. 공주가 모세를 발견하여 모세를 키우게 된 것은 우연히 된 일처럼 보이지만, 그것은 우연히 이루어진 일이 아니다. 모세의 부모가 하나님께 모세를 맡기니 하나님은 우연이란 이름으로 공주를 나일강에 나오게 하시고, 모세를 만나게 한 것이다. 이것이 하나님이 일하시는 방법이다. 오늘 우리에게 어떤 문제가 있는가? 하나님께 맡기고 기도할 때 하나님은 우연이라는 이름으로 사람들을 만나게 하신다. 우연히 거래처를 만나게 되고, 우연히 돕는 사람들을 만나게 하신다. 그것이 하나님이 일하시는 방법이다.

셋째로, 상한 마음은 치유되어야 한다.

애굽 공주의 양아들로 장성한 모세는 왕궁에서 부러울 것이 없이 성장하게 되었다. 그러나 어느 날 모세는 자신은 애굽인이

아니고 애굽의 공주는 자기의 친어머니가 아니며 자신은 히브리인이라는 사실을 알게 되었다. 애굽 사람과 히브리인은 생김새가 크게 다르기 때문이다. 그는 어려서부터 주변의 애굽 사람과 자신의 외모가 다른 것에 대하여 많이 궁금했을 것이다. 모세는 애굽의 공주에게 자신이 왜 다른 사람과 생김새가 다른지 끊임없이 물었을 것이고, 어느 날 애굽의 공주는 모세에게 그의 출생의 비밀을 이야기해 주었을 것이다.

애굽의 공주는 모세가 어린 시절 나일강에서 갈대 상자에 담긴 채 떠내려가는 것을 발견하고, 자신이 데리고 와서 키웠다고 말했을 것이다. 그때 모세가 경험한 충격은 대단했을 것이다. 자신을 낳은 부모가 자신을 버렸다는 것보다 더 큰 상처가 어디 있겠는가? 버림받은 상처는 일평생 큰 고통을 준다. 자신도 모르게 상한 마음을 만든다. 자신도 모르게 분노하고, 자신도 모르게 두려워하며, 열등감 속에서 살게 만든다. 또한, 자신의 주변 사람들을 자신도 모르게 힘들게 하며 살아간다. 작은 일에도 쉽게 섭섭해 하고, 분노한다. 장성한 모세는 어느 날 애굽 사람이 히브리 사람을 치는 것을 보고 자신도 모르게 분노가 올라왔다. 그래서 결국 모세는 애굽 사람을 쳐 죽였다.

살인자가 된 모세는 더 이상 애굽에서 지낼 수가 없어서 미디안 광야로 도망가서 살게 되었다. 하나님은 그런 모세를 버려두지 않았다. 나일강에서 죽을 뻔했던 모세를 살려 주신 하나님은 미디안에서 절망하고 좌절해 있는 모세를 찾아오셔서, 그의 상한 마음을 치유하시고, 그를 품어 주셨다. 우리의 상한 마음이 치유되어야 할 이유가 여기에 있다. 우리가 어린 시절부터 받은 상처는 성인이 되어 나도 모르게 올라온다. 나도 모르게 다른 사람에게 분노하고, 두려워하며, 열등감에 시달려 자존감 낮은 삶을 살고 매일매일을 고통 속에서 살아가게 한다.

참고로, 상한 마음의 치유에 대해서는 저자의 도서 『상한 마음의 치유와 용서』(북랩)에서 자세히 다루고 있다. 일독을 권한다.

오늘의 묵상 포인트

- 나는 문제를 만날 때 하나님께 어떻게 나의 문제를 맡기고 있나?
- 나의 삶 가운데 하나님은 우연이라는 이름으로 어떻게 일하고 계시는가?
- 나의 마음속에는 상한 마음이 없는가? 나도 모르게 마음의 평강을 잃어버리고 살고 있지는 않은가? 예수님께 나의 상한 마음을 고백하고 십자가의 보혈의 은혜로 치유받자.

모세 이야기 2
: 함께하시는 하나님

출 3:9~12

[9] 이제 가라 이스라엘 자손의 부르짖음이 내게 달하고 애굽 사람이 그들을 괴롭히는 학대도 내가 보았으니 [10] 이제 내가 너를 바로에게 보내어 너에게 내 백성 이스라엘 자손을 애굽에서 인도하여 내게 하리라 [11] 모세가 하나님께 아뢰되 내가 누구이기에 바로에게 가며 이스라엘 자손을 애굽에서 인도하여 내리이까 [12] 하나님이 이르시되 내가 반드시 너와 함께 있으리라 네가 그 백성을 애굽에서 인도하여 낸 후에 너희가 이 산에서 하나님을 섬기리니 이것이 내가 너를 보낸 증거니라(출 3:9~12)

구약성경 출애굽기에 보면 하나님은 모세를 부르셔서 이스라엘 백성들을 애굽에서 나오게 하고 약속의 땅으로 인도하라는 사명을 주셨다. 그러나 하나님이 모세를 부르실 때 모세는 애굽인을 죽이고 미디안 땅에 도망가 있는 도피자의 입장이었다. 그는 선뜻 하나님의 부르심에 따르지 못했다. 자신이 하나님이 시키시는 일을 할 만한 적임자가 되지 못한다고 생각했기 때문이다. 모세의 마음은 두려움과 열등감과 같은 상한 마음으로 복잡했다. 하나님은 그런 모세를 부르셔서 그의 생각을 바꾸어 주시고, 그를 사용하여 이스라엘 백성들을 애굽에서 인도하여 내는 귀한 사역을 감당하게 하셨다. 본문의 말씀이 우리에게 주시는 교훈은 무엇일까?

첫째로, 하나님이 우리와 함께하신다.

우리는 인생을 살아가면서 때로 자신감도 없고, 나 자신이 제대로 할 수 있는 것이 없다고 생각할 때가 있다. 하나님은 모세에게 "내 백성들을 애굽에서 건져내라."라고 말씀하셨다. 그러나 모세는 자신이 이 일을 감당할 만한 사람이 되지 못한다고 고백했다. 그는 이 일을 해낼 자신이 없었다. 자신의 나이가 80세인데 애굽에서 도망 나온 사람이 이런 일을 감당한다는 것은 불가능한 일이라고 생각했다.

> 모세가 하나님께 아뢰되 내가 누구이기에 바로에게 가며 이스라엘 자손을 애굽에서 인도하여 내리이까(출 3:11)

모세는 "내가 누구이기에 바로에게 갑니까?"라고 하나님께 질문했다. 그는 자신이 하나님이 생각하고 있는 것만큼 훌륭한 사람이 아니라고 자신 없는 소리를 했다. 그런 모세에게, 하나님은 "네가 누구다."라고 말씀하시지 않고, "내가 반드시 너와 함께 있으리라."고 말씀하셨다(출 3:12). 모세는 자신을 바라봤을 때, 자신은 실패자요, 아무것도 할 수 없는 사람처럼 보였다. 그러나 하나님은 '네가 스스로는 아무것도 할 수 없는 사람 같아도, 내가 너와 함께하면 너는 무엇이든지 할 수 있다'라는 의미로 그렇게 말씀하신 것이다. 오늘 우리도 나는 부족하고 연약하지만, 나는 하나님이 함께하는 사람이다. 그래서 나는 주님 안에서 무엇이든지 할 수 있다는 생각을 가지고 살자.

둘째로, 하나님의 말씀에 귀를 기울이고 살자.

모세는 여태 사람들의 말에 귀를 기울이고 살았고, 자신의 인본주의적인 음성에 귀를 기울이고 살았으며, 마귀가 주는 부정적인 말에 귀를 기울이고 살았다. 그 모든 소리는 모세에게 "너는 할 수 없다."라는 말이었다. 모세는 애굽에서 이스라엘 사람을 도와주려다가 애굽 사람을 죽이고, 살인자가 되어 미디안 광야로 도망가서 그곳에서 40년을 살았다. 그의 주변과 자신의 내면에서는 늘 너는 실패자다! 너는 아무것도 할 수 없는 사람이다! 라는 소리만이 존재했고, 그는 그 속에서 부정적인 생각을 가지고 살았다. 모세의 주변에서는 누구도 모세에게 가능성을 제시해 주고, 당신도 할 수 있다는 긍정적인 말을 해 준 사람이 없었다. 그래서 하나님이 모세를 불러 위대한 사명을 맡겼을 때, 모세는 하나님이 자신을 잘못 보았다고 생각했다. 하나님은 다른 젊은 사람, 능력 있는 사람을 불러서 일을 맡기셔야 했다고 생각한 것이다.

사람들은 태어나면서 주변에서 자신에게 들려주는 말을 듣고 자신이 누구인지 알고 그 말을 믿고 살아간다. 어려서부터 "너는 예쁘다. 예쁘다."라는 말을 듣고 자란 사람은 자기가 예쁜 줄 안다. 어려서부터 "너는 바보다. 바보다."라는 말을 듣고 자란 사람은 자기가 바보인 줄 안다. 사람들은 무엇을 듣든지 그것으로 인하여 자신에 대한 자화상을 형성하기 때문이다.

피카소가 위대한 화가가 된 배경에는 그의 어머니의 말이 있었다고 한다. 피카소가 어렸을 때 그의 어머니는 피카소에게 "네가 군인이 된다면, 장군이 될 것이고, 신부가 된다면 교황이 될 것이다."라고 하였다. 그 말을 들은 피카소는 화가의 길을 택했고 유명한 화가가 되었다는 것이다. 피카소의 어머니는 피카소에게 너는 무엇이든지 네가 원하는 사람이 될 수 있다는 소망과 꿈을 어린 피카소의 마음에 불어넣어 주신 것이다. 오늘 나는 나를 누구로 알고 있는가? 주변 사람들이 말하는 내가 아니라, 하나님이 내게 말씀하시는 말씀에 귀를 기울이고 내가 누군지 발견하자. 긍정의 눈으로 나를 바라보고, 할 수 있다는 믿음의 눈으로 나를 바라보며 살아가자.

셋째로, 하나님의 영광을 위하여 살아가자.

시편 139편에 보면, 하나님이 우리를 아신다고 이야기한다. 다윗은 하나님이 자신의 내장을 지으셨고, 자신을 기묘하게 지으셨다고 고백했다.

여호와여 주께서 나를 살펴보셨으므로 나를 아시나이다(시 139:1)

[13] 주께서 내 내장을 지으시며 나의 모태에서 나를 만드셨나이다 [14] 내가 주께 감사하옴은 나를 지으심이 심히 기묘하심이라 주께서 하시는 일이 기이함을 내 영혼이 잘 아나이다(시 139:13~14)

하나님이 왜 나를 이런 모습으로 지으셨을까? 하나님은 우리가 하나님의 영광을 나타내며 살기를 원하신다. 이 세상에 태어난 어떤 사람도 실수로 태어난 사람은 없다. 나는 청년 시절에 아마추어 극단에서 연극을 했다. 그러던 어느 날 거울을 보다가 점점 머리숱이 없어지고 있다는 사실을 알게 되었다. 외할아버지가 대머리이시기 때문에 그 유전이 내게 나타나고 있다는 것을 알게 된 것이었다. 그 사실을 알자 당황스러웠다. 주변 사람들이 머리 이야기만 하면 괜히 불안했다. 혹시 내 머리 이야기를 하려고 하는 것이 아닌지 마음이 조마조마했다. 그러다 어느 날 성경의 창세기를 읽다가 하나님이 아담과 하와를 지으셨다는 말씀이 눈에 들어왔다. 하나님이 그들을 지으시고 "하나님이 보시기에 좋았더라."는 말씀이 가슴에 다가왔다. 창세기 1장에만 일곱 번이나 기록된 말씀이다. 그 순간 그런 깨달음이 왔다. '그래! 내 외모가 어떻든지, 하나님이 보시기에 좋구나. 그러니 그것 때문에 스트레스받지 말자' 이후부터는 그런 생각을 하고 살아왔다. 그 이후에는 머리숱 때문에 불안하거나 당황스럽지 않다. 이것이 말씀 묵상이 우리에게 주는 놀라운 은혜이다.

모세는 미디안 땅에 살아가면서 좌절의 나날을 보냈다. 모세는 자신이 아무런 목적도 없이 태어났다고 생각했다. 그는 하루하루를 즐겁게 살아가는 것이 아니라 꿈도 소망도 없이 단순하게 생존하기 위한 삶을 살았다. 그런데 그의 나이 80세에 하나님이 미디안 광야로 찾아오셨다. 그리고 그에게 하나님의 계획이 있으며, 그를 통하여 하나님은 영광을 받기를 원하심을 말씀하셨다. 오늘 우리도 하나님의 영광을 위하여 이 땅에 태어났다. 때로 삶이 힘들고 어려울 때 이것을 기억하자. 오늘 하나님의 영광을 위해서 살 것을 도전하자.

내 이름으로 불려지는 모든 자 곧 내가 내 영광을 위하여 창조한 자를 오게 하라 그를 내가 지었고 그를 내가 만들었느니라(사 43:7)

오늘의 묵상 포인트

- 나는 오늘도 하나님이 나와 함께하심을 알고 있는가?
- 나는 하나님의 말씀에 매일 귀를 기울이고 있는가?
- 나는 하나님의 영광을 위하여 창조되었음을 알고 있는가? 마음속에 있는 열등감을 십자가 앞에 내려놓고 긍정적인 마음을 가지고 살아가고 있는가?

모세 이야기 3
: 네 신을 벗으라

출 4:10~15

[10] 모세가 여호와께 아뢰되 오 주여 나는 본래 말을 잘하지 못하는 자니이다 주께서 주의 종에게 명령하신 후에도 역시 그러하니 나는 입이 뻣뻣하고 혀가 둔한 자니이다 [11] 여호와께서 그에게 이르시되 누가 사람의 입을 지었느냐 누가 말 못 하는 자나 못 듣는 자나 눈 밝은 자나 맹인이 되게 하였느냐 나 여호와가 아니냐 [12] 이제 가라 내가 네 입과 함께 있어서 할 말을 가르치리라 [13] 모세가 이르되 오 주여 보낼 만한 자를 보내소서 [14] 여호와께서 모세를 향하여 노하여 이르시되 레위 사람 네 형 아론이 있지 아니하냐 그가 말 잘하는 것을 내가 아노라 그가 너를 만나러 나오나니 그가 너를 볼 때에 그의 마음에 기쁨이 있을 것이라 [15] 너는 그에게 말하고 그의 입에 할 말을 주라 내가 네 입과 그의 입에 함께 있어서 너희들이 행할 일을 가르치리라 (출 4:10~15)

하나님은 모세를 떨기나무 불꽃 가운데 부르시고 그의 부정적인 마음을 치유해 주시며 사명을 주셨다. 모세는 미디안 광야에 도망 나와 살아가면서 마음속에 분노와 두려움과 열등감이 가득했다. 그런 모세에게 하나님은 찾아오셔서 그의 마음에 변화를 가져오게 하셨다. 오늘 우리에게 주시는 교훈은 무엇인가?

첫째로, 나의 인본주의적인 신발을 벗자.

> [5] 하나님이 이르시되 이리로 가까이 오지 말라 네가 선 곳은 거룩한 땅이니 네 발에서 신을 벗으라 (출 3:5)

하나님은 모세를 꺼지지 않는 떨기나무 불꽃 앞으로 부르셨다. 하나님은 모세에게 "네 발에서 신을 벗으라."고 말씀하셨다. 왜 하나님은 모세에게 신을 벗으라고 말씀하셨을까? 모세가 선 곳은 거룩한 곳이니, 그곳에서 모세의 신발을 벗으라는 것이다. 모세는 80년 동안 어디서나 자신의 신발을 신고 다녔다. 그런 모세에게 하나님은 그에게 말씀하셨다. 네 신을 벗고, 이제 하나님의 거룩함 앞에 너의 생각과 너의 판단을 모두 내려놓고, 너 자신을 내어 맡기라는 것이다. 이제는 내 마음대로 내 신발을 신고 가고 싶은 곳으로 다니는 것이 아니라, 하나님이 인도하시는 곳, 하나님의 거룩한 곳에 나의 모든 것을 내려놓고, 하나님을 순종하며 살라는 것이다.

모세는 그 말씀에 순종하여 신을 벗었다. 그것이 모세가 하나님의 말씀에 순종하여 살아가는 첫 번째 훈련이었다. 오늘 우리는 어떤가? 우리도 내 중심으로, 내 마음이 원하는 대로, 내 뜻대로 다니고 있지는 않은가? 하나님의 거룩함 앞에 우리는 모든 인본주의적인 삶을 내려놓고 하나님의 말씀에 순종하며 살아가자.

둘째로, 내가 의지하고 살아온 지팡이를 내려놓자.

하나님은 모세를 부르셔서 그에게 사명을 주셨다. 그러나 모세는 하나님이 자기 같은 노인을 사용할 리가 없다고 생각했다. 자신은 나이가 많아 이제 말도 제대로 하지 못하는데 이스라엘 백성들을 애굽에서 건져내려면 애굽의 왕도 만나야 하고, 많은 사람과 말을 해야 하는데 자신이 이 일을 하는 것은 무리라고 생각했다. 그는 자신이 애굽에 간다고 해도 애굽에 있는 애굽의 왕이나 이스라엘 백성들이 자신을 믿지 않을 것이라고 생각했다. 그러자 하나님은 모세에게 들고 있던 지팡이를 땅에 던지라고 말씀하셨다.

> [2] 여호와께서 그에게 이르시되 네 손에 있는 것이 무엇이냐 그가 이르되 지팡이니이다 [3] 여호와께서 이르시되 그것을 땅에 던지라 하시매 곧 땅에 던지니 그것이 뱀이 된지라 모세가 뱀 앞에서 피하매(출 4:2~3)

모세가 하나님의 말씀에 순종하여 지팡이를 땅에 던지니, 그 지팡이는 뱀이 되었다. 그 지팡이는 모세가 광야에서 양을 치다가 맹수가 나타났을 때도 힘이 되어 주었고, 힘들고 어려울 때도 의지가 되었던 지팡이였다. 그런데 그 지팡이를 땅에 던지니 그 지팡이가 뱀이 된 것이다. 깜짝 놀라 뒷걸음질 치는 모세에게 하나님은 그 지팡이의 꼬리를 잡으라고 하셨다. 이것은 쉬운 일이 아니었을 것이다. 뱀의 꼬리를 잡으면 뱀이 자신을 물 수도 있기 때문이다. 그러나 모세는 하나님의 말씀에 의지하여 손을 내밀어 그 꼬리를 잡았다. 그 뱀의 꼬리를 잡자 뱀이 다시 지팡이로 변했다.

> 여호와께서 모세에게 이르시되 네 손을 내밀어 그 꼬리를 잡으라 그가 손을 내밀어 그것을 잡으니 그의 손에서 지팡이가 된지라 (출 4:4)

이 사건은 모세가 하나님이 나 같은 사람을 쓸 리가 없고, 애굽에 있는 이스라엘 백성들도 자신을 믿지 않을 것 같다고 생각했던 것이 한순간에 바뀌는 사건이었다. '그래! 하나님은 창조의 하나님이시구나. 하나님이 나와 함께하시면 불가능한 것이 없구나' 하는 믿음이 모세에게 생기게 한 사건이다. 이 사건으로 모세는 그 마음속에 있었던 할 수 없다는 생각이 떠나게 되었다. 그동안 그는 광야에 버려진 것이 아니라, 하나님이 함께하셨음을 깨달아 상한 마음이 위로받고 치유되는 순간이었다. 모세는 '태어나면서부터 부모도 나를 버리고, 친구도 나를 버리고, 나는 버림받고 사는 사람인 줄 알았는데 하나님은 지금도 나를 사랑하시고, 나를 사용하시기를 원하시는구나!' 하는 생각에 감격했을 것이다. 그는 이제 더 이상 미디안 광야의, 애굽에서 도망 나온 입이 뻣뻣하고 혀가 둔한 노인이 아니었다. 그는 하나님이 쓰시는 하나님의 사람이었고, 믿음의 영웅이었다.

오늘 우리는 무엇을 손에 잡고 있는가? 내가 손에 잡고 있는 것을 하나님께 내어 드리자. 모세의 지팡이가 뱀이 되는 놀라운 변화가 일어난 것처럼, 하나님께 우리의 손에 있는 것을 내어 드리면, 하나님은 그것을 통하여 놀라운 기적을 베풀어 주신다.

셋째로, 믿음으로 기적을 행하고 살아가자.

[17] 너는 이 지팡이를 손에 잡고 이것으로 이적을 행할지니라(출 4:17)

하나님은 모세에게 그 지팡이를 손에 잡고 그것으로 이적을 행하라고 말씀하셨다. 이제 모세에게 필요한 것은 하나님이 나를 통하여 일하신다는 믿음이다. 하나님이 나와 함께하시고, 나에게 이 지팡이를 통하여 놀라운 기적을 행하신다는 믿음이다. 모세는 그 하나님을 믿고 의지하였다. 담대하게 그 지팡이를 손에 잡고 나아가 기적을 행했다.

예수님도 믿음의 중요성을 강조하셨다.

> [17] 믿는 자들에게는 이런 표적이 따르리니 곧 그들이 내 이
> 름으로 귀신을 쫓아내며 새 방언을 말하며 [18] 뱀을 집어
> 올리며 무슨 독을 마실지라도 해를 받지 아니하며 병든 사
> 람에게 손을 얹은즉 나으리라 하시더라(막 16:17~18)

오늘 우리도 믿음으로 살자. 우리의 인본주의적인 신발을 벗고, 하나님을 의지하고, 믿음으로 기적으로 행하며 살아가자. 하나님을 믿고, 믿음으로 살아가는 사람에게는 하루하루가 기적의 날이다.

오늘의 묵상 포인트

- 나는 오늘 나 중심적인 생각에 사로잡혀 살고 있지는 않은가? 내가 벗어야 할 신발은 무엇인가?
- 나는 지금 나의 지팡이를 의지하고 살고 있는가? 아니면 하나님을 의지하고 살고 있는가?
- 나는 오늘 믿음으로 살고 있는가?

모세 이야기 4
: 언약을 이루시는 하나님

출 6:2~7

[2] 하나님이 모세에게 말씀하여 이르시되 나는 여호와이니라 [3] 내가 아브라함과 이삭과 야곱에게 전능의 하나님으로 나타났으나 나의 이름을 여호와로는 그들에게 알리지 아니하였고 [4] 가나안 땅 곧 그들이 거류하는 땅을 그들에게 주기로 그들과 언약하였더니 [5] 이제 애굽 사람이 종으로 삼은 이스라엘 자손의 신음 소리를 내가 듣고 나의 언약을 기억하노라 [6] 그러므로 이스라엘 자손에게 말하기를 나는 여호와라 내가 애굽 사람의 무거운 짐 밑에서 너희를 빼내며 그들의 노역에서 너희를 건지며 편 팔과 여러 큰 심판들로써 너희를 속량하여 [7] 너희를 내 백성으로 삼고 나는 너희의 하나님이 되리니 나는 애굽 사람의 무거운 짐 밑에서 너희를 빼낸 너희의 하나님 여호와인 줄 너희가 알지라(출 6:2~7)

모세는 하나님의 명령에 순종하여 애굽의 왕 '바로'에게 가서 내 백성을 보내 달라고 말했다. 그러나 애굽의 왕 '바로'는 이스라엘 백성들을 보내 주려고 하지 않았다. 애굽의 왕 '바로'는 모세와 이스라엘 백성들 사이에 갈등을 일으키게 하려고, 모세가 요청하면 할수록 더욱 힘든 고역을 이스라엘 백성들을 주어 이스라엘 백성들이 모세를 미워하게 만들었다. 오늘 본문이 우리에게 주시는 교훈은 무엇일까?

첫째로, 하나님은 언약의 하나님이시다.

> 가나안 땅 곧 그들이 거류하는 땅을 그들에게 주기로 그들과 언약하였더니(출 6:4)

하나님은 아브라함에게, 이삭에게, 야곱에게 약속의 땅을 주시겠다고 언약하셨다. 그러나 그럼에도 불구하고, 이스라엘 백성들은 애굽에서 노예가 되어 살고 있어서, 하나님의 약속은 이루어질 것 같아 보이지 않았다. 그래서 이스라엘 백성들은 고통 속에서 하나님께 부르짖으며 간구했다. 하나님은 그들의 간구를 들으시고, 응답해 주셨다.

> 여호와께서 이르시되 내가 애굽에 있는 내 백성의 고통을 분명히 보고 그들이 그들의 감독자로 말미암아 부르짖음을 듣고 그 근심을 알고(출 3:7)

왜 하나님이 우리의 간구를 들으시고 응답하시는가? 우리가 하나님의 자녀요, 하나님의 백성이기 때문이다. 하나님은 이스라엘 백성들을 '내 백성'이라고 말씀하셨다. 내 백성의 고통을 분명히 보았다고 말씀하셨다. 마귀는 우리가 문제를 만나고, 질병을 만날 때 우리가 하나님의 백성이며 하나님의 자녀라는 사실을 망각하게 하고, 자신에게 다가올 복과 하나님의 은혜를 바라보지 못하도록 한다. 하나님의 언약은 끝까지 인내하고 낙심하지 않고 그 약속을 붙드는 사람에게 반드시 이루어진다.

우리가 선을 행하되 낙심하지 말지니 포기하지 아니하면 때가 이르매 거두리라(갈 6:9)

어떤 연약함과 문제 가운데서도 하나님의 약속은 유효하다. 포기하지 않고 하나님을 전적으로 신뢰할 때 하나님은 그 약속을 반드시 이루어 주신다.

둘째로, 하나님은 우리를 문제에서 건져 주신다.

그러므로 이스라엘 자손에게 말하기를 나는 여호와라 내가 애굽 사람의 무거운 짐 밑에서 너희를 빼내며 그들의 노역에서 너희를 건지며 편 팔과 여러 큰 심판들로써 너희를 속량하여(출 6:6)

① 하나님은 우리를 무거운 짐 밑에서 빼내신다.

이스라엘 백성들은 성을 짓고, 창고를 짓는 무거운 짐의 고역 밑에 깔려서 신음하고 있었다. 하나님은 우리가 신음하는 무거운 짐 밑에서 우리를 건져내 주신다. 예수님은 우리에게 무거운 짐을 다 가지고 예수님께 나오라고 말씀하신다.

> [28] 수고하고 무거운 짐 진 자들아 다 내게로 오라 내가 너희를 쉬게 하리라 [29] 나는 마음이 온유하고 겸손하니 나의 멍에를 메고 내게 배우라 그러면 너희 마음이 쉼을 얻으리니
> (마 11:28~29)

② 하나님은 우리를 힘든 일 가운데서 건지신다.

이스라엘 백성들은 애굽에서 힘든 일 가운데 있었으나, 하나님은 그들을 건져내셨다. 하나님은 오늘도 우리의 삶에 다가오는 수많은 절망과 문제 속에서 우리를 건져내신다.

> 네가 물 가운데로 지날 때에 내가 너와 함께할 것이라 강을 건널 때에 물이 너를 침몰하지 못할 것이며 네가 불 가운데로 지날 때에 타지도 아니할 것이요 불꽃이 너를 사르지도 못하리니(사 43:2)

어려움을 통과할 때, 그때 하나님이 우리 곁에 계신다. 우리가

물 가운데를 지날 때도 같이 계시고, 불 가운데를 지날 때에도
같이 계신다. 우리를 건져 주신다.

③ 하나님은 하나님의 손으로 우리를 붙들어 주신다.

> 두려워하지 말라 내가 너와 함께 함이라 놀라지 말라 나는
> 네 하나님이 됨이라 내가 너를 굳세게 하리라 참으로 너를
> 도와주리라 참으로 나의 의로운 오른손으로 너를 붙들리라
> (사 41:10)

우리의 삶에 문제가 다가올 때, 하나님은 우리에게 놀라지 말
라고 말씀하신다. 하나님이 도와주시겠다는 것이다. 하나님의
오른손으로 붙들어 주겠다는 것이다. 오른손은 힘이 있는 손을
말한다. 하나님은 오른손으로 우리를 힘껏 붙들어 주신다.

셋째로, 하나님은 우리를 인도하신다.

> 내가 아브라함과 이삭과 야곱에게 주기로 맹세한 땅으로 너
> 희를 인도하고 그 땅을 너희에게 주어 기업을 삼게 하리라
> 나는 여호와로라 하셨다 하라(출 6:8)

어떤 때는 하나님의 약속이 이루어지지 않는 것 같을 때가 있

다. 그러나 그 순간에도 우리는 잊지 말아야 한다. 하나님이 우리를 인도하신다는 약속의 말씀을 신뢰해야 한다. 애굽에 있는 이스라엘 백성들에게 하나님의 언약이 이루어질 것 같지 않았어도, 하나님은 그들의 간구를 들으시고, 그들을 고난의 애굽에서 인도해 내신 것처럼 오늘 우리를 인도하고 계신다.

오늘의 묵상 포인트

- 나의 인생 가운데 하나님은 내게 무엇을 언약해 주셨다고 생각하나?
- 오늘 내가 하나님께 응답받기 원하는 것은 무엇인가?
- 하나님은 오늘 나를 어떻게 인도하고 계시는가?

모세 이야기 5
: 어린 양의 보혈을 의지하라

출 12:1~6

[1] 여호와께서 애굽 땅에서 모세와 아론에게 일러 말씀하시되 [2] 이달을 너희에게 달의 시작 곧 해의 첫 달이 되게 하고 [3] 너희는 이스라엘 온 회중에게 말하여 이르라 이달 열흘에 너희 각자가 어린 양을 잡을지니 각 가족대로 그 식구를 위하여 어린 양을 취하되 [4] 그 어린 양에 대하여 식구가 너무 적으면 그 집의 이웃과 함께 사람 수를 따라서 하나를 잡고 각 사람이 먹을 수 있는 분량에 따라서 너희 어린 양을 계산할 것이며 [5] 너희 어린 양은 흠 없고 일 년 된 수컷으로 하되 양이나 염소 중에서 취하고 [6] 이달 열나흗날까지 간직하였다가 해 질 때에 이스라엘 회중이 그 양을 잡고(출 12:1~6)

모세는 애굽의 왕 바로에게 이스라엘 백성들을 보내 달라고 요구했으나, 9가지의 재앙을 내려도 애굽의 왕은 마음을 굳게 하고 이를 거절하였다. 이에 하나님은 열 번째 재앙으로 애굽의 모든 초 태생이 죽는 재앙을 보내기로 하셨다. 그래서 모세는 모든 백성에게 이 사실을 알렸고, 애굽의 왕 '바로'에게도 경고했다. 그러나 애굽의 왕 '바로'는 그 경고를 듣지 않았다. 오늘 본문이 우리에게 주시는 교훈은 무엇일까?

첫째로, 하나님은 예수님을 나의 주님으로 믿고 의지할 때 구원의 길을 열어 주신다.

구원이란 여러 가지 의미를 가지고 있다. 영적으로 예수를 믿는 사람은 천국 백성이 되고 구원을 받는다. 하나님은 이스라엘 백성들을 애굽 노예의 삶에서 구원하셨다. 이스라엘 백성들은 유목민이기 때문에 항상 양을 키운다, 하나님은 그 가운데 어린 양을 취하여 피를 흘려 그 피를 집의 문설주와 인방에 바르라고 하셔서, 어린 양의 피를 통하여 이스라엘 백성들을 구원하실 것을 말씀하셨다. 하나님은 왜 어린 양의 피를 흘려 이스라엘 백성들을 애굽에서 건져 주셨을까? 어린 양의 피를 집의 문설주와 인방에 바르는 사건은 우리 주 예수 그리스도께서 이 세상에 오셔서 온 인류를 위하여 십자가에 피 흘리고 돌아가심으로 누구든지 예수님을 믿는 사람들에게 구원을 베풀어 주실 것을 그림자로 보여주는 사건이기 때문이다. 세례 요한은 예수님을 보고 "세상 죄를 지고 가는 하나님의 어린 양"이라고 말했다. 우리도 어린 양 되신 예수님의 보혈을 의지하고 살자.

> 이튿날 요한이 예수께서 자기에게 나아오심을 보고 이르되
> 보라 세상 죄를 지고 가는 하나님의 어린 양이로다(요 1:29)

> 우리가 그리스도 안에서 그의 은혜의 풍성함을 따라 그의
> 피로 말미암아 구속 곧 죄 사함을 받았으니(엡 1:7)

둘째로, 하나님은 우리의 모든 것을 예비하고 계신다.

우슬초는 원래부터 정유 성분을 가지고 있어서 살균·소독·보존성을 가지고 있다. 다윗은 우슬초로 나를 정결케 해달라고 기도했다.

> 우슬초로 나를 정결케 하소서 내가 정하리이다 나를 씻기소
> 서 내가 눈보다 희리이다(시 51:7)

우슬초에 어린 양의 피를 찍어서 그 집의 문설주와 인방에 뿌린다는 것은 그 집에 있는 사람들을 정결케 하는 의미를 가지고 있다. 그 집에 있는 모든 사람의 죄를 그 피로 덮어서 죄에서 자유롭게 되는 것을 상징적으로 보여주는 것이다. 여기에 하나님의 은혜가 있다. 내 힘으로 정결케 되는 것이 아니며, 내 공로로 정결케 되는 것이 아니다. 어린 양의 보혈을 우슬초에 찍어서 뿌릴 때 정결케 되는 것이다. 우슬초는 피를 찍어서 뿌리는 유일한

도구이다. 그런데 출애굽을 해야 하는 그 바쁜 시간에 우슬초는 어디서 구할 수 있을까? 놀라운 사실은 하나님은 이미 어린 양과 그 우슬초를 이스라엘 백성들 가운데 예비해 두셨다는 것이다.

> 저가 또 초목을 논하되 레바논 백향목으로부터 담에 나는 우슬초까지 하고 저가 또 짐승과 새와 기어 다니는 것과 물 고기를 논한지라 (왕상 4:33)

이 말씀처럼 우슬초는 구하기 힘든 풀이 아니라, 담에서 자라나는 흔한 풀이다. 이 풀은 소독의 효과가 있기 때문에 이스라엘 백성들은 이 풀을 베어서 주로 우슬초 묶음을 만들어 집에 보관하고 있었다. 그래서 정결케 해야 할 어떤 일이 생겼을 때, 소독해야 하는 일이 있을 때, 이스라엘 백성들은 집에 보관하고 있던 이 우슬초를 사용했다. 하나님은 그들 가까이 있고, 그들이 예비해 둔 그 우슬초를 사용하라고 하신 것이다.

하나님의 예비하신 은혜는 멀리 있지 않다. 우슬초가 늘 담 옆에서 자라고 있듯이, 하나님의 은혜는 늘 우리의 옆에 있다.

셋째로, 하나님의 말씀에 순종해야 한다.

22절에 보면, 아침까지 한 사람도 자기 집 문밖에 나가지 말라고 말했다. 어떤 문인가? 어린 양의 피가 뿌려져 있는 문이다.

우슬초 묶음을 가져다가 그릇에 담은 피에 적셔서 그 피를
문 인방과 좌우 설주에 뿌리고 아침까지 한 사람도 자기 집
문밖에 나가지 말라(출 12:22)

잊지 말아야 한다. 밤이 지나기까지 절대로 그 집에서 나가면
안 된다. 어린 양의 피를 뿌린 그 집에 거해야 한다. 밤이 지날
때까지 그 집에서 나가면 안 된다. 어린 양의 피가 뿌려진 그 집
에 거해야 한다. 뿌려주신 보혈의 은혜에 감사하고, 예수님에게
서 벗어나지 말아야 한다. 예수 안에 거해야 한다. 생각해 보자.
이스라엘 백성들이 어린 양의 피를 뿌리고 집 안에 있는데, 갑자
기 한밤중에 애굽인들의 집에서 통곡 소리가 난다. 애굽 사람들
의 장자와 초태생들이 죽어가는 소리가 들린다. 그럴 때 호기심
에서 어떤 사람들은 나가볼 수 있다. 혹시 나는 괜찮을까 염려
하여 밖에 나가 볼 수 있다. 어디까지 재앙이 왔나 확인하려고
나가 볼 수도 있다. 그러나, 그러지 말라는 것이다. 하나님을 믿
으라는 것이다. 하나님께 순종해야 한다. 예수 안에 거해야 한
다. 예수 밖으로 나가면 구원이 없다, 이 세상의 밤을 지나는 동
안에 예수 안에 거하시기를 바란다. 구원의 집. 하나님의 집에
믿음으로 나와서 하나님께 영광을 돌리고 믿음으로 승리하시기
를 축원한다.

- 나는 예수를 믿음으로 인해 구원을 받게 되었다는 확신이 있는가?
- 하나님의 나의 삶의 모든 것을 예비하고 계신다는 것을 느낀 적이 있는가?
- 나는 예수님의 보혈의 능력을 의지하고 살고 있는가?

제 4 장

성경의 핵심 묵상: 여호수아

여호수아 이야기 1
: 두려움을 이기는 길

수 1:1~6

[1] 여호와의 종 모세가 죽은 후에 여호와께서 모세의 수종자 눈의 아들 여호수아에게 말씀하여 이르시되 [2] 내 종 모세가 죽었으니 이제 너는 이 모든 백성과 더불어 일어나 이 요단을 건너 내가 그들 곧 이스라엘 자손에게 주는 그 땅으로 가라 [3] 내가 모세에게 말한 바와 같이 너희 발바닥으로 밟는 곳은 모두 내가 너희에게 주었노니 [4] 곧 광야와 이 레바논에서부터 큰 강 곧 유브라데 강까지 헷 족속의 온 땅과 또 해지는 쪽 대해까지 너희의 영토가 되리라 [5] 네 평생에 너를 능히 대적할 자가 없으리니 내가 모세와 함께 있었던 것같이 너와 함께 있을 것임이니라 내가 너를 떠나지 아니하며 버리지 아니하리니 [6] 강하고 담대하라 너는 내가 그들의 조상에게 맹세하여 그들에게 주리라 한 땅을 이 백성에게 차지하게 하리라(수 1:1~6)

하나님은 모세를 부르셔서, 그를 애굽에 보내어 애굽에서 노예처럼 살아가는 이스라엘 백성들을 애굽에서 인도하여 내시고, 40년간 광야를 지나, 약속의 땅인 가나안 앞에 도착하게 하셨다. 이제 요단강만 건너면 드디어 이스라엘 백성들은 가나안 땅에 들어갈 수 있게 되는 순간이었다. 그때 하나님은 모세에게 사명을 마치게 하시고, 천국으로 부르시고, 이제부터는 이스라엘 백성들을 인도하는 사명을 여호수아에게 맡겨 주셨다. 그러나 여호수아는 모세의 종으로서 모세가 경험했던 수많은 어려움을 알고 있었다. 그는 아무리 생각해도 자신은 도저히 모세처럼 담대하게 다가오는 어려움을 헤쳐나갈 힘이 없다고 생각했다. 그는 두려워 떨었다. 요단강을 건너지 못하고 주저하며, 두려움에 사로잡혀 있던 여호수아에게 하나님은 찾아오셔서 그의 마음속에 있는 두려움을 이기는 길을 알려 주셨다. 그 길이 무엇일까? 본문을 통하여 오늘 우리에게 주시는 교훈은 무엇인가?

첫째로, 하나님의 약속의 말씀을 늘 기억하라.

> 내가 모세에게 말한 바와 같이 너희 발바닥으로 밟는 곳은
> 모두 내가 너희에게 주었노니(수 1:3)

여호수아는 자기 자신을 바라볼 때 자신은 너무나 연약한 존재였기 때문에 모세의 뒤를 이어서 이스라엘 백성들을 인도해야 한다는 생각만 해도 두려웠다. 하나님은 두려움 가운데 있는 여

호수아를 찾아오셔서 하나님이 모세에게 주신 언약을 기억나게 하셨다. 하나님은 모세에게 가나안 땅을 이스라엘 백성들에게 주겠다고 약속하셨다. "너희가 가나안 땅에 들어가서, 발바닥으로 밟는 곳은 모두 내가 너희에게 주었다."는 것을 잊지 말라는 것이다. 여호수아는 하나님의 약속을 기억했다. 40년 전에 그가 다른 정탐꾼들과 같이 가나안 땅을 정탐하러 떠날 때, 하나님은 그들에게 그 땅을 주실 것이라고 하신 말씀을 기억했다(민 13:1~2). 하나님이 주신 언약을 기억할 때 그는 강하고 담대하며, 두려움을 이길 수 있었다. 오늘 우리도 인생을 살아가면서 때로는 두려움이 우리를 사로잡을 때가 있다. 그런 순간에 하나님의 약속의 말씀을 붙들어야 한다. 하나님은 그의 언약의 말씀을 붙들고 살아가는 사람에게 두려움에서 자유롭게 하신다.

둘째로, 사랑의 하나님이 우리와 함께하신다.

> 네 평생에 너를 능히 대적할 자가 없으리니 내가 모세와 함께 있었던 것같이 너와 함께 있을 것임이니라 내가 너를 떠나지 아니하며 버리지 아니하리니(수 1:5)

하나님은 여호수아에게 놀라운 말씀을 하셨다. 네 평생에 너를 능히 대적할 자가 없으리라는 것이다. 왜 그런가? 하나님이 모세와 함께하시던 것같이, 여호수아와도 함께하실 것이기 때문이다. 하나님은 여호수아를 떠나지 아니하며 버리지 않을 것이라고 말씀하셨다. 여호수아는 사랑의 하나님이 자신과 함께하신다는 말씀을 듣고, 그 마음속에 힘이 솟았을 것이다. '그래! 모세에게 하나님이 함께하실 때 쓴 물이 단물로 변하고, 아말렉을 이기며, 놀라운 기적들이 일어난 것처럼, 하나님이 나와 함께하시면 내게도 그런 놀라운 일들이 있을 거야!'라는 믿음이 그의 마음속에 충만했을 것이다. 오늘 우리도 우리의 삶 가운데 두려움이 다가올 때, 그 순간 우리를 사랑하시고, 우리를 건져주시는 하나님이 우리와 함께하신다는 사실을 잊지 말아야 한다.

> 두려워하지 말라 내가 너와 함께 함이라 놀라지 말라 나는 네 하나님이 됨이라 내가 너를 굳세게 하리라 참으로 너를 도와주리라 참으로 나의 의로운 오른손으로 너를 붙들리라
>
> (사 41:10)

셋째로, 매일 하나님의 말씀을 읽고 묵상해야 한다.

하나님은 여호수아에게 율법책을 네 입에서 떠나지 말게 하라고 말씀하셨다.

> 이 율법책을 네 입에서 떠나지 말게 하며 주야로 그것을 묵

상하여 그 안에 기록된 대로 다 지켜 행하라 그리하면 네 길이 평탄하게 될 것이며 네가 형통하리라(수 1:8)

여호수아에게 말씀하신 율법책은 모세를 통하여 주신 구약에 첫 부분에 나오는 창세기, 출애굽기, 레위기, 민수기, 신명기의 다섯 책을 말한다. 늘 모세를 통하여 주신 율법 말씀을 읽고, 밤과 낮으로 묵상하고, 그 말씀을 따라서 살라는 것이다. 여호수아는 하나님의 말씀을 순종하여, 모세가 자신에게 전해준 율법의 말씀을 읽고, 또 읽었다. 여호수아는 말씀을 읽고 깊이 묵상할 때 자신의 마음속에 믿음이 성장하는 것을 알 수 있었다. 창세기를 묵상할 때 여호수아는 하나님이 천지와 만물을 창조하신 권능의 하나님이심을 알게 되었다. 출애굽기를 묵상할 때 여호수아는 고통 가운데 있는 이스라엘 백성들을 애굽에서 건져주신 사랑의 하나님을 알게 되었다. 레위기를 묵상할 때 여호수아는 하나님은 우리의 예배를 받기 원하시는 거룩하신 하나님이신 것을 알게 되었다. 민수기를 묵상할 때 여호수아는 하나님은 이스라엘 백성들을 광야에서 먹고 마시는 것을 책임져 주시는 좋으신 하나님이신 것을 알게 되었다. 신명기를 묵상할 때 여호수아는 하나님의 말씀을 순종하고 살면 하나님은 그의 백성들에게 복을 주시는 하나님이심을 알게 되었다.

여호수아는 매일같이 하나님의 말씀을 입술로 고백하고, 묵상할 때 하나님의 위대하심을 더욱 깨닫고, 믿게 되었다. 그러자 그의 마음속에 있던 두려움이 떠나가고, 하나님이 주시는 강하고 담대한 믿음이 마음에 가득하게 되었다. 그는 그 담대한 믿음을 가지고 이스라엘 백성들을 인도하여, 약속의 땅으로 들어가 큰 승리를 거둘 수 있었던 것이다. 오늘 우리의 삶에도 두려움이 다가올 때가 있지 않은가? 그럴 때 우리는 여호수아에게 주신 하나님의 말씀을 기억해야 한다. 하나님이 우리에게 주신 언약을 믿으시기 바란다. 사랑의 하나님이 늘 우리와 함께하심을 믿으시기 바란다. 하나님의 말씀을 늘 읽고 묵상함으로 날마다 믿음이 성장해가고, 승리하는 삶을 살아가자.

오늘의 묵상 포인트

- 나는 성경을 묵상할 때 하나님이 나에게 어떤 약속을 주셨다고 생각하나?
- 나는 어떤 때 하나님이 나를 사랑하시고 나와 함께하신다고 생각하나?
- 나는 매일 하나님의 말씀을 읽고 묵상하고 있는가? 그 말씀을 신뢰하고 있는가?

여호수아 이야기 2
: 장애물을 극복하라

수 3:1~8

[1] 또 여호수아가 아침에 일찍이 일어나서 그와 모든 이스라엘 자손들과 더불어 싯딤에서 떠나 요단에 이르러 건너가기 전에 거기서 유숙하니라 [2] 사흘 후에 관리들이 진중으로 두루 다니며 [3] 백성에게 명령하여 이르되 너희는 레위 사람 제사장들이 너희 하나님 여호와의 언약궤 메는 것을 보거든 너희가 있는 곳을 떠나 그 뒤를 따르라 [4] 그러나 너희와 그 사이 거리가 이천 규빗쯤 되게 하고 그것에 가까이하지는 말라 그리하면 너희가 행할 길을 알리니 너희가 이전에 이 길을 지나 보지 못하였음이니라 하니라 [5] 여호수아가 또 백성에게 이르되 너희는 자신을 성결하게 하라 여호와께서 내일 너희 가운데에 기이한 일들을 행하시리라 [6] 여호수아가 또 제사장들에게 말하여 이르되 언약궤를 메고 백성에 앞서 건너라 하매 곧 언약궤를 메고 백성에 앞서 나아가니라 [7] 여호와께서 여호수아에게 이르시되 내가 오늘부터 시작하여 너를 온 이스라엘의 목전에서 크게 하여 내가 모

세와 함께 있었던 것같이 너와 함께 있는 것을 그들이 알게 하리라 [8] 너는 언약궤를 멘 제사장들에게 명령하여 이르기를 너희가 요단 물가에 이르거든 요단에 들어서라 하라(수 3:1~8)

우리는 인생을 살아가면서 수많은 문제와 장애물을 만난다. 그러나 우리가 하나님을 의지할 때, 하나님은 우리에게 그 문제와 장애물을 극복할 수 있는 길을 열어 주신다. 여호수아는 가나안 땅에 들어가기 전에 요단강이라는 장애물을 만났다. 하나님은 여호수아에게 명하여 제사장들에게 먼저 요단강으로 들어서라고 말씀하시고, 그 제사장들이 믿음으로 요단강에 들어섰을 때 하나님은 요단강을 갈라 주시고, 이스라엘 백성들이 요단강을 기적적으로 건너게 해 주셨다. 오늘 우리도 인생의 장애물을 만날 때 어떻게 해야 할까? 오늘 본문을 통하여 우리에게 주시는 교훈은 무엇일까?

첫째로, 문제를 바라보지 말고 하나님을 바라보라.

하나님께서는 이스라엘 백성들에게 제사장들이 언약궤를 메는 것을 보거든 언약궤의 뒤를 따르라고 했다.

백성에게 명령하여 이르되 너희는 레위 사람 제사장들이 너

희 하나님 여호와의 언약궤 메는 것을 보거든 너희가 있는
곳을 떠나 그 뒤를 따르라 (수 3:3)

하나님은 이스라엘 백성들에게 그들 앞에 흐르고 있는 문제
의 요단강을 바라보지 말고, 하나님의 언약궤를 바라보고, 그 언
약궤를 따라가라고 하셨다. 우리는 삶에 문제가 다가오면, 그 문
제를 바라보고, 좌절하고 절망할 수 있다. 그러나 하나님은 우
리 앞에 있는 문제를 바라보지 말고, 우리와 함께하시는 하나님
을 바라보고, 믿음으로 살라고 하신다. 언약궤는 하나님이 이스
라엘 백성들 가운데 같이 계신다는 것을 보여주는 것이다. 우리
가 문제를 만나고 장애물을 만나더라도 그 가운데 하나님이 우
리와 함께하시고, 동행하고 계신다는 것을 알라는 것이다. 누구
에게나 문제는 다가온다. 우리는 인생에 다가오는 문제를 바라
보지 말고, 하나님을 바라보아야 한다. 하나님을 바라볼 때 하
나님은 다가오는 장애물을 통과하게 하시고, 문제에서 우리를
건져 주신다.

둘째로, 우리 자신을 성결하게 하자.

여호수아가 또 백성에게 이르되 너희는 자신을 성결하게 하
라 여호와께서 내일 너희 가운데에 기이한 일들을 행하시리
라 (수 3:5)

여호수아는 이스라엘 백성들이 성결하게 할 것을 명령했다. 왜 여호수아는 이스라엘 백성들에게 성결하게 할 것을 요구했나? 이스라엘 백성들의 모든 죄와 허물을 씻어 낼 때 하나님이 그들 가운데 임재하셔서 그들에게 놀라운 일을 행할 것이기 때문이다. 거룩하신 하나님이 우리에게 오실 때 우리의 인생은 기적의 인생이 된다. 성경에 보면 하나님이 임재하시는 곳마다 기적이 일어났다. 그래서 여호수아는 하나님이 우리 가운데 임재하여 기적을 행하시도록 우리 자신을 성결하게 준비하라고 한 것이다. 우리는 날마다 어린 양 예수 그리스도의 보혈을 의지하고 자신을 성결하게 해야 한다. 예수님의 보혈로 우리를 씻을 때 우리는 성결한 사람이 된다. 우리는 매일 우리의 죄를 하나님께 자백하고 회개함으로 우리를 성결하게 해야 한다.

> 만일 우리가 우리 죄를 자백하면 그는 미쁘시고 의로우사 우리 죄를 사하시며 우리를 모든 불의에서 깨끗하게 하실 것이요(요일 1:9)

우리가 우리의 죄를 자백할 때 하나님은 우리의 죄를 사하시고, 우리를 깨끗하게 해 주신다. 날마다 우리 자신을 성결하게 하여, 기적의 하나님을 만나자.

셋째로, 순종은 기적을 가져온다.

하나님은 왜 여호수아와 이스라엘 백성들이 요단강을 건너가게 하셨을까? 그것은 요단강을 기적적으로 건너게 하심으로 여호수아에게 하나님이 함께하심을 이스라엘 백성들에게 보여주시기 위함이었다. 모세의 뒤를 이어서 여호수아가 이스라엘 백성들을 인도할 때 하나님은 여호수아에게 하나님이 함께하고 계심을 모든 이스라엘 백성들에게 보여서, 이스라엘 백성들이 온전히 여호수아의 말에 순종하기를 원하셨다.

> 여호와께서 여호수아에게 이르시되 내가 오늘부터 시작하여 너를 온 이스라엘의 목전에서 크게 하여 내가 모세와 함께 있었던 것같이 너와 함께 있는 것을 그들이 알게 하리라
> (수 3:7)

하나님은 우리가 요단강과 같은 장애물을 만날 때 그 순간에도 하나님이 우리와 함께하심을 믿고, 믿음으로 장애물을 향하여 전진하라고 하셨다. 그때 하나님은 우리의 앞에 있는 장애물을 제거하여 주시고, 하나님의 영광을 나타내 주시며, 우리를 높여 주신다. 요단강은 제사장들이 강가에 서 있을 때 갈라지지 않았다. 제사장들이 하나님의 말씀에 순종하여 담대하게 요단강으로 들어섰을 때 요단강은 비로소 갈라지고, 기적이 일어났

다. 누가복음 5장에 보면 베드로는 밤이 새도록 그물을 던졌지만, 한 마리의 고기도 잡지 못했다. 그러나 예수님이 깊은 곳에 가서 그물을 내리라고 할 때, 그 말씀에 순종하여 깊은 곳에 나아가 그물을 던지니 수많은 물고기를 잡게 되었다. 오늘 우리도 하나님의 약속의 말씀에 순종하여 믿음으로 살아야 한다. 하나님이 명령하시면 요단강이라도 믿음으로 들어가야 한다. 그러면 하나님은 우리가 알지 못하는 놀라운 기적을 베풀어 주신다.

오늘의 묵상 포인트

- 나는 문제를 만날 때 환경을 바라보고 있는가, 아니면 하나님을 바라보고 있는가?
- 나는 스스로를 성결하게 하고 있는가?
- 나는 오늘도 하나님의 말씀에 순종하고 있는가?

여호수아 이야기 3
: 하나님을 기억하라

수 4:1~7

[1] 그 모든 백성이 요단을 건너가기를 마치매 여호와께서 여호수아에게 말씀하여 이르시되 [2] 백성의 각 지파에 한 사람씩 열두 사람을 택하고 [3] 그들에게 명령하여 이르기를 요단 가운데 제사장들의 발이 굳게 선 그곳에서 돌 열둘을 택하여 그것을 가져다가 오늘 밤 너희가 유숙할 그곳에 두게 하라 하시니라 [4] 여호수아가 이스라엘 자손 중에서 각 지파에 한 사람씩 준비한 그 열두 사람을 불러 [5] 그들에게 이르되 요단 가운데로 들어가 너희 하나님 여호와의 궤 앞으로 가서 이스라엘 자손들의 지파 수대로 각기 돌 한 개씩 가져다가 어깨에 메라 [6] 이것이 너희 중에 표징이 되리라 후일에 너희의 자손들이 물어 이르되 이 돌들은 무슨 뜻이냐 하거든 [7] 그들에게 이르기를 요단 물이 여호와의 언약궤 앞에서 끊어졌나니 곧 언약궤가 요단을 건널 때에 요단 물이 끊어졌으므로 이 돌들이 이스라엘 자손에게 영원히 기념이 되리라 하라 하니라(수 4:1~7)

여호수아의 인도하에 이스라엘 백성들은 기적적으로 요단강을 건너게 되었다. 요단강을 건넌 후 하나님은 여호수아에게 요단강 가운데 있던 돌 열둘을 택하여 그것을 가져다가 이스라엘 백성들이 유숙할 곳에 두라고 말씀하셨다. 왜 하나님은 돌 열둘을 가져다가 유숙할 곳에 두라고 말씀하셨을까? 하나님은 요단강을 건너게 하신 사건을 통하여 이스라엘 백성들이 영원히 잊지 못할 교훈을 주시기를 원하셨기 때문이다. 오늘 본문이 우리에게 주는 교훈은 무엇일까?

첫째로, 하나님을 잊지 말자.

사람들은 문제를 만나면 그 문제의 해결을 위해서 하나님께 나아가 간절히 기도하고, 때로는 금식을 하며 기도하기도 하지만, 그 문제가 해결되고 나면 하나님이 베풀어 주신 은혜를 쉽게 잊어버리는 경향이 있다. 하나님은 이스라엘 백성들이 기적적으로 요단강을 건넌 사건을 잊지 않기를 원하셨다. 하나님은 여호수아에게 요단강의 바닥에서 열두 개의 돌을 가져다가 돌무더기를 쌓게 하여, 그 돌무더기를 바라볼 때마다 하나님이 이스라엘 백성들을 사랑하셔서 요단강을 가르시고, 그들을 건너게 하신 놀라운 기적을 행하여 주신 것을 기억하기를 원하셨다. 결혼을 하면 신랑과 신부는 반지를 교환한다. 부부는 결혼 생활을 하면서 자신들의 손가락에 있는 반지를 볼 때마다 자신들이 결혼식

장에서 했던 언약을 기억하게 된다. 때로 부부에게는 갈등이 생길 수도 있고, 관계가 어려워질 때도 있다. 그때 그들은 자신의 손에 끼워져 있는 반지를 보면서 자신들이 약속했던 그 언약을 기억하고 다시 마음을 바로잡게 된다. 하나님은 요단강에서 가지고 나온 돌무더기를 바라보면서, 이스라엘 백성들이 기적을 행하신 하나님을 기억하고 하나님을 의지하고 살라고 하시는 것이다.

> 네 하나님 여호와께서 너를 인도하여 내실 때에 네가 본 큰 시험과 이적과 기사와 강한 손과 편 팔을 기억하라 네 하나님 여호와께서 네가 두려워하는 모든 민족에게 그와 같이 행하실 것이요(신 7:19)

하나님은 강한 손과 편 팔로 우리를 인도하고 계신다. 오늘 우리도 그 하나님을 기억하고 살아가자.

둘째로, 자녀들에게 하나님이 누구신지 가르치자.

이스라엘 백성들은 요단강에서 건져온 그 돌들을 바라볼 때마다, 그들의 인생에 어떤 문제가 다가올지라도 하나님은 그 문제를 이기게 하시며, 놀라운 승리를 주시는 하나님이심을 떠올렸다. 하나님이 요단강의 돌을 가져다가 쌓아두라는 것은 강을 건너온 이스라엘 백성들만을 위해서가 아니었다. 장래에 그의 자녀들이 그곳을 지나가다가 그 쌓아둔 돌들이 무슨 돌이냐고 묻거든, 그때 하나님이 그들에게 행하신 놀라운 일들을 그들에게 알려주라는 것이다. 자녀들도 어려움을 만날 때, 조상들이 만난 그 하나님의 이야기를 기억하고, 하나님을 의지함으로 그들이 만난 모든 문제를 극복할 수 있다는 것을 믿으라는 것이다. 하나님을 의지할 때 요단강을 건너게 하신 것처럼, 문제와 장애물에서 하나님이 건져 주시겠다는 것이다. 자녀들이 쌓여 있는 그 돌무더기를 보면서, 하나님이 지금도 우리의 기도를 듣고 계시고 우리의 간구를 응답하시는 하나님이심을 기억하라는 것이다. 우리는 자녀들에게 우리가 만난 하나님을 이야기해 주어야 한다. 우리의 인생 가운데 놀라운 승리를 주시는 하나님을 자녀들에게도 가르쳐서, 자녀들도 하나님을 의지하고 살아갈 수 있도록 해야 한다.

셋째로, 새사람으로 살아가자.

하나님은 이스라엘 백성들이 요단강을 건너와서 가나안 땅에서 복된 삶을 살기를 원하셨다. 하나님은 강 가운데서 돌 열둘을 취하여 길갈에 쌓게 하셨는데, 길갈이라는 말은 '수치가 굴러갔다'라는 뜻이다. 요단강을 건너 길갈에 도착한 이스라엘 백성들은 이제는 더 이상 애굽의 노예가 아니요, 수치를 당한 백성이 아니요, 하나님의 은혜로 승리한 백성임을 선언한 것이다. 하나님이 길갈에 요단강의 돌을 쌓게 하신 것은 이스라엘 백성들이 과거의 슬픔과 고통의 기억을 모두 굴려 버리고 이제는 승리의 사람으로 살아가라는 것이다. 우리는 예수 그리스도를 믿으면서도 과거의 슬픔과 아픔의 기억에 얽매여 살아서는 안 된다. 과거의 상한 마음, 과거의 슬픔 등은 이제 모두 굴려 보내고 예수님의 십자가를 통한 새로운 사람으로 살아가야 한다. 우리는 어려서부터 많은 상처를 받고 살아간다. 부모에게서, 권위자에게서, 형제에게서, 친구에게서 많은 상처를 받고, 결혼해서는 배우자에게서 상처를 받고, 마음속에 분노, 두려움, 굶주림, 열등감과 같은 상한 마음을 안고 살아간다. 그러면서 자신도 모르게 주변 사람들에게, 자녀들에게 상처를 주고 살아간다. 우리는 과거의 상처가 우리의 현재와 미래를 망치도록 두어서는 안 된다. 우리의 과거가 고통스러운 것이라 할지라도, 예수님이 우리를 위하여 십자가를 지심으로 우리의 모든 아픔과 상처를 짊어지셨으므로, 십자가를 의지하고 마음에 평안을 가지고 살아야 한다. 바울은 말한다.

그런즉 누구든지 그리스도 안에 있으면 새로운 피조물이라 이전 것은 지나갔으니 보라 새것이 되었도다(고후 5:17)

이제 우리는 예수님의 십자가의 은혜로 새로운 사람이 되었음을 매일 선포하며 살아야 한다. 나는 죄 사함 받은 사람이다! 나는 성령이 함께하셔서 권능 있는 삶을 사는 사람이다! 나는 저주에서 자유롭게 되었고, 아브라함의 복을 받은 사람이다! 나는 모든 병에서 자유를 받았다! 나는 천국의 백성이다! 이와 같이 늘 하나님을 기억하며, 십자가 안에서 새로운 사람이 되어 살아가자.

오늘의 묵상 포인트

- 나는 문제를 만나고 장애물을 만날 때 하나님을 기억하고 있나?
- 우리 가정에서는 자녀들을 교회 학교에만 맡기지 않고, 부모가 자녀를 가르치고 있나?
- 나는 과거의 상처에 얽매여 살아가고 있나?

여호수아 이야기 4
: 여리고성을 무너뜨리라

수 6:1~7

[1] 이스라엘 자손들로 말미암아 여리고는 굳게 닫혔고 출입하는 자가 없더라 [2] 여호와께서 여호수아에게 이르시되 보라 내가 여리고와 그 왕과 용사들을 네 손에 넘겨주었으니 [3] 너희 모든 군사는 그 성을 둘러 성 주위를 매일 한 번씩 돌되 엿새 동안을 그리하라 [4] 제사장 일곱은 일곱 양각 나팔을 잡고 언약궤 앞에서 나아갈 것이요 일곱째 날에는 그 성을 일곱 번 돌며 그 제사장들은 나팔을 불 것이며 [5] 제사장들이 양각 나팔을 길게 불어 그 나팔 소리가 너희에게 들릴 때에는 백성은 다 큰 소리로 외쳐 부를 것이라 그리하면 그 성벽이 무너져 내리리니 백성은 각기 앞으로 올라갈지니라 하시매 [6] 눈의 아들 여호수아가 제사장들을 불러 그들에게 이르되 너희는 언약궤를 메고 제사장 일곱은 양각 나팔 일곱을 잡고 여호와의 궤 앞에서 나아가라 하고 [7] 또 백성에게 이르되 나아가서 그 성을 돌되 무장한 자들이 여호와의 궤 앞에서 나아갈지니라 하니라(수 6:1~7)

우리는 살다 보면 예상치 않은 문제를 만날 때가 있다. 이스라엘 백성들도 그런 경험을 했다. 광야의 40년의 방황을 끝내고 드디어 하나님께서 약속하신 땅 가나안에 들어왔으나 그들을 기다리고 있었던 것은 견고한 여리고성(城)이었다. 그 성을 지나가야만 가나안 땅을 점령할 수가 있었는데, 오늘 본문에 보니, 여리고는 굳게 닫혀 있었다고 말한다. 그러나 여호수아는 여리고성을 함락시키고, 가나안 땅으로 들어갈 수 있었다. 우리의 인생에도 여리고성과 같이 견고한 문제가 우리의 앞을 가로막을 때가 있다. 그런 여리고성과 같은 문제를 우리는 어떻게 극복할 수 있을까? 오늘 본문의 말씀을 같이 묵상해 보자. 오늘 본문이 우리에게 주는 교훈은 무엇일까?

첫째로, 우리의 삶에 여리고성과 같은 문제가 다가올 때가 있다.

> 이스라엘 자손들로 말미암아 여리고는 굳게 닫혔고 출입하
> 는 자가 없더라(수 6:1)

하나님은 이스라엘 백성들에게 가나안 땅으로 가라고 하셨고, 그 땅을 그들에게 주시겠다고 말씀하셨다. 그러나 그들이 가나안 땅에 들어와 보니, 그들 앞에는 여리고성이 기다리고 있었고, 그 성은 굳게 닫혀 이스라엘 백성들이 가나안 땅으로 더 이상 들어가지 못하도록 막고 있었다. 굳게 닫힌 여리고성은 우리가

만나게 되는 인생의 문제와 같다. 우리는 꿈을 가지고 앞으로 나아가지만, 우리도 모르는 사이에, 우리의 예상과는 다르게 여리고성과 같은 인생의 문제가 우리의 앞길을 가로막고 서 있을 때가 있다. 하나님이 가나안 땅을 주시겠다고 하면 여리고성 문이 열려 있고, 그 안에 있는 사람들이 이스라엘 백성들에게 지나갈 수 있도록 환영하며 길을 열어 주어야 하는 것이 아닌가?

오늘 우리가 알아야 할 것은, 하나님이 우리에게 주시겠다고 허락하시고, 우리의 길을 인도하신다고 해도, 우리의 삶에는 하나님이 주시는 꿈을 이루지 못하게 하고, 우리를 절망하게 하려는 문제들이 여리고성과 같이 도처에서 우리를 기다리고 있다는 것이다. 하나님은 다윗에게 이스라엘의 2대 왕이 되게 하시겠다고 말씀하셨다. 그러나, 다윗은 왕으로 기름 부음을 받은 이후, 당시의 왕이었던 사울에 의하여 몇 번이고 죽을 뻔한 위기를 겪어야 했다. 그럼에도 불구하고, 다윗은 자신의 앞에 다가오는 여리고성과 같은 문제를 하나님께 맡기고, 하나님을 믿고, 의지할 때 결국 그가 꿈꾸던 일이 이루어지는 은혜를 경험할 수 있었다. 우리의 삶에 인생의 장애물이 다가오더라도 문제 해결자가 되시는 하나님이 우리와 함께 계신다.

둘째로, 하나님은 우리가 기도의 열쇠를 사용하기를 원하신다.

[2] 여호와께서 여호수아에게 이르시되 보라 내가 여리고와

그 왕과 용사들을 네 손에 넘겨주었으니 [3] 너희 모든 군사
는 그 성을 둘러 성 주위를 매일 한 번씩 돌되 엿새 동안을
그리하라(수 6:2~3)

여호수아는 여리고성이 굳게 닫혀있고, 자신의 힘으로는 여리
고성을 함락할 수 없다는 것을 잘 알았다. 그래서 그는 하나님
께 나아갔다. 하나님께 나아가 어떻게 해야 할지를 아뢴 것이다.
오늘 우리도 인생의 문제를 만날 때 가만히 앉아 있지 말고, 하
나님께 나아가 간절히 기도해야 한다. 문제를 만날 때 하나님께
나가 부르짖어 간구해야 한다. 하나님께 나아가 우리의 문제를
아뢰면, 하나님은 우리가 예상하지 못한 길을 열어 주신다. 이스
라엘 백성들이 여리고성을 매일같이 도는 것은 우리가 문제를
만날 때 하나님께 매일 기도하는 것에 비유할 수 있다. 우리가
어려움 가운데서도 하나님께 매일 기도하면 하나님은 우리의 기
도를 들으시고, 놀라운 길을 열어 주신다.

내가 여호와께 간구하매 내게 응답하시고 내 모든 두려움에
서 나를 건지셨도다(시 34:4)

우리가 문제를 만날 때는 모든 것이 절망적으로 보인다. 그러
나 우리가 하나님께 나아가 기도하기 시작할 때, 우리는 절망보
다 크신 하나님이 우리에게 길을 열어 주시고 소망의 빛을 비추

어 주시는 것을 알게 된다. 문제를 만날 때 하나님의 약속의 말씀을 붙들어야 한다. 오늘 성경에 보니, 하나님께서 여호수아에게 내가 여리고와 그 왕과 용사를 네 손에 넘겨주었다고 말씀하셨다. 여호수아는 그 약속의 말씀을 믿고, 그 약속의 말씀을 붙들었다. 오늘 우리도 하나님이 우리에게 주신 약속의 말씀을 붙들어야 한다. 현실적으로는 여리고성과 같은 어려움이 있고, 문제가 있어도 하나님이 주신 약속의 말씀을 믿고, 그 약속의 말씀을 붙들고 나갈 때 우리에게는 여리고성과 같은 문제가 무너져 내리는 기적이 일어난다.

셋째로, 모든 초점을 하나님께 맞추라.

여호수아가 여리고성을 함락할 수 있었던 것은 그의 초점을 하나님께 두었기 때문이다. 마귀는 우리에게 다가와서 우리가 문제를 만날 때 우리의 마음을 흩어지게 만든다. 우리가 하나님을 바라보지 않고, 환경을 바라보고, 두려움을 바라보게 한다. 여호수아가 여리고성 앞에 섰을 때 제일 먼저 든 생각은 두려움이었을 것이다. '큰일 났다! 어떻게 하지? 이 성을 어떻게 통과하지?' 그런 두려움이 그의 마음을 사로잡았을 것이다. 그러나 그 순간, 하나님이 그에게 찾아오셨다. 두려움에 초점을 맞추지 말고, 하나님께 초점을 맞추라는 것이다.

여호와께서 여호수아에게 이르시되 보라 내가 여리고와 그
왕과 용사들을 네 손에 넘겨주었으니(수 6:2)

현실적으로 여호수아 앞에는 여리고성이 견고하게 서 있었지만, 하나님은 이미 여리고와 그 왕과 용사들을 이미 여호수아의 손에 넘겨주었다는 것이다. 오늘 우리의 삶에 어떤 문제가 있는가? 예수님을 바라보자. 좋으신 하나님 아버지께 초점을 맞추자. 그럴 때 하나님은 우리에게 여리고성과 같은 문제를 이기게 하시고, 승리를 주신다.

오늘의 묵상 포인트

- 나는 나의 인생에 여리고성과 같이 예상치 못하는 문제를 만난 적이 있는가?
- 문제를 만나 기도할 때 하나님이 기도에 응답하신 경험이 있는가?
- 나는 나의 삶의 초점을 하나님께 두며 살고 있는가?

제 5 장

성경의 핵심 묵상: 기드온

기드온 이야기 1
: 버려야 할 것을 버려라

삿 6:1~5

[1] 이스라엘 자손이 또 여호와의 목전에 악을 행하였으므로 여호와께서 칠 년 동안 그들을 미디안의 손에 넘겨주시니 [2] 미디안의 손이 이스라엘을 이긴지라 이스라엘 자손이 미디안으로 말미암아 산에서 웅덩이와 굴과 산성을 자기들을 위하여 만들었으며 [3] 이스라엘이 파종한 때면 미디안과 아말렉과 동방 사람들이 치러 올라와서 [4] 진을 치고 가사에 이르도록 토지 소산을 멸하여 이스라엘 가운데에 먹을 것을 남겨 두지 아니하며 양이나 소나 나귀도 남기지 아니하니 [5] 이는 그들이 그들의 짐승과 장막을 가지고 올라와 메뚜기 떼같이 많이 들어오니 그 사람과 낙타가 무수함이라 그들이 그 땅에 들어와 멸하려 하니(삿 6:1~5)

이스라엘 백성들은 하나님의 은혜로 애굽에서 나와 광야를 거쳐 드디어 하나님이 약속하신 땅인 가나안에 이르게 되었다. 가나안 땅에서 살아가던 이스라엘 백성들은 하나님을 의지하고 살기보다는 그 땅에서 이미 살고 있는 가나안 사람들의 영향을 받아, 우상을 섬기며 하나님께 악을 행하며 살았다. 하나님은 이스라엘 백성들의 마음을 돌이키기 위하여 이스라엘 백성들을 주변의 나라의 손에 내어 주셨으며, 이스라엘 백성들은 고난 속에서 하나님께 나아가 간구했다. 하나님은 이스라엘 백성들의 기도를 들으시고, 그들을 구원할 사사들을 세워, 이스라엘 백성들을 구원해 주셨다. 오늘 본문의 말씀이 우리에게 주는 교훈은 무엇인가?

첫째로, 하나님 말씀에 순종하여 우상 숭배를 버려야 한다.

> 이스라엘 자손이 또 여호와의 목전에 악을 행하였으므로 여호와께서 칠 년 동안 그들을 미디안의 손에 넘겨주시니(삿 6:1)

이스라엘 백성들은 가나안 땅에 거주하며, 하나님의 목전에서 악을 행하여 우상을 숭배하고, 하나님을 잊어버렸다. 왜 이스라엘 백성들은 하나님을 잊어버리고, 우상인 바알과 아스다롯을 섬기게 되었을까? 그들은 가나안에 들어와서 그 땅에 살고 있었던 사람들을 쫓아내라는 하나님의 명령을 순종하지 않고, 현실에 타협했기 때문이다. 가나안 족속을 몰아내는 일은 쉬운 일이 아니었다. 가나안 땅에 들어와서 그 땅에 살던 가나안 족속과의 전쟁이 장기전이 되면서 이스라엘 백성들은 지치기 시작했다.

그래서 그들은 점점 현실에 타협하게 되고, 가나안 족속을 쫓아
내기보다는 그들과 같이 살아가는 길을 선택했다. 그러다 가나
안 사람들에게 영향을 받아서, 우상 숭배에 빠지게 된 것이다.

가나안 사람들은 이스라엘 사람들에게 가나안의 신인 바알과
아스다롯을 섬겨야 농사가 잘되고, 형통하게 된다고 꾀었을 것
이다. 이것은 종교가 아니고 이 땅의 문화라고 역설했을 것이다.
우리는 문화라는 미명하에 점점 침투해 오는 우상 숭배를 조심
해야 한다. 이스라엘 백성들은 점차 우상숭배에 빠져서 하나님
을 잊어버리고, 악을 행하며 살아갔다. 그때 하나님은 그들이
마음을 돌이키기를 원하셨다. 이스라엘 백성들이 회개하고 돌
아오기를 원하셨다. 그래서 이스라엘 백성들을 미디안의 손에
넘겨주셨다. 하나님이 이스라엘 백성들을 미디안의 손에 넘겨준
것은 그들을 멸하기 위해서가 아니라, 회개하고 하나님께 돌아
오기를 원하셨기 때문이다. 오늘 우리도 인생을 살면서 내 뜻과
내 마음대로 살다가 이런 고난을 만날 때가 있다. 오늘 우리는
하나님을 섬기기보다는 세상을 우상으로 섬기고 살아가고, 하나
님을 잊어버리고 내 뜻과 내 마음대로 살고 있지 않은가? 하나
님은 우리에게 우상 숭배에서 돌이켜 하나님께 돌아와 하나님
을 예배하는 예배자가 되라고 부르고 계신다.

둘째로, 하나님이 함께하시지 않으면 사람의 수고가 헛되다.

[3] 이스라엘이 파종한 때면 미디안과 아말렉과 동방 사람들이 치러 올라와서 [4] 진을 치고 가사에 이르도록 토지 소산을 멸하여 이스라엘 가운데에 먹을 것을 남겨 두지 아니하며 양이나 소나 나귀도 남기지 아니하니(삿 6:3~4)

이스라엘 백성들은 씨를 뿌릴 때가 되면 많은 추수를 기대하며 꿈에 부풀었다. 그러나 그들이 아무리 씨를 뿌려도 미디안과 아말렉이 쳐들어와서 토지의 소산을 멸하고 이스라엘의 모든 것을 가져가니 살길이 없었다.

여호와께서 집을 세우지 아니하시면 세우는 자의 수고가 헛되며 여호와께서 성을 지키지 아니하시면 파수꾼의 깨어 있음이 헛되도다(시 127:1)

이스라엘 백성들이 아무리 노력해도, 하나님이 그들을 지켜 주시지 않으면 그들의 수고가 헛될 수밖에 없는 것이었다. 오늘 우리는 열심히 노력하고 힘써도 나의 지혜와 능력은 한계가 있다는 사실을 알아야 한다. 우리는 하나님을 믿고 의지하며 살아야 한다. 하나님은 하나님을 믿고 의지하고 살아가는 사람에게 길을 열어 주시고, 힘을 주신다.

[1] 네가 네 하나님 여호와의 말씀을 삼가 듣고 내가 오늘 네

게 명령하는 그의 모든 명령을 지켜 행하면 네 하나님 여호와께서 너를 세계 모든 민족 위에 뛰어나게 하실 것이라 [2] 네가 네 하나님 여호와의 말씀을 청종하면 이 모든 복이 네게 임하며 네게 이르리니(신 28:1~2)

하나님의 말씀에 불순종하여 우상을 숭배하고 살았던 이스라엘 백성들에게는 미디안이 쳐들어 왔지만, 하나님의 말씀을 듣고, 하나님의 말씀을 따라서 순종하며 사는 사람에게는 세계 모든 민족 위에서 뛰어나게 하시며, 복을 주신다. 늘 하나님의 말씀을 읽고, 묵상하고, 그 말씀을 따라서 살아서 하나님이 예비하신 은혜와 복 가운데서 살아가자.

셋째로, 하나님은 뜻을 돌이키신다.

하나님은 이스라엘 백성들을 버리지 않으셨다. 이스라엘 백성들이 고난 가운데 하나님께 나아와 회개하고, 간절히 간구할 때 하나님은 사사 기드온을 세워 이스라엘 백성들에게 회복의 은혜를 베풀어 주셨다. 하나님은 그의 백성이 고난 가운데 부르짖을 때, 그 간구를 들으시고, 뜻을 돌이키시는 은혜의 아버지이시다.

여호와께서 그들을 위하여 사사들을 세우실 때에는 그 사사와 함께하셨고 그 사사가 사는 날 동안에는 여호와께서 그

들을 대적의 손에서 구원하셨으니 이는 그들이 대적에게 압
박과 괴롭게 함을 받아 슬피 부르짖으므로 여호와께서 뜻을
돌이키셨음이거늘(삿 2:18)

하나님은 이스라엘 백성들이 대적에게 압박과 괴로움을 당하
여 슬퍼하며 간구할 때 뜻을 돌이키셔서 그들을 건져 주셨다.
오늘도 우리가 하나님께 나아가 우리의 죄를 회개하고, 하나님
께 간절히 기도할 때 우리의 기도를 들으시고 뜻을 돌이켜 응답
해 주신다.

우리는 매일 우리 자신의 신앙을 돌아보아야 한다. 나는 하나
님을 기억하고 살아가고 있는가? 나는 하나님의 말씀을 따라서
순종하고 있는가? 나는 문제를 만날 때 하나님께 나가서 간구하
고 기도하고 있는가? 오늘도 하나님은 우리에게 말씀하신다. 하
나님을 기억하라! 오늘도 하나님을 기억하고 살아가자.

오늘의 묵상 포인트

- 나는 하나님의 말씀에 순종하여 우상 숭배를 버리고 있는가?
- 나는 하나님이 함께하시지 않으면 사람의 수고가 헛됨을 인정하고 있
  는가?
- 나는 기도하여 응답을 받은 적이 있는가?

기드온 이야기 2
: 자녀들에게 하나님을 가르치라

삿 6:6~10

[6] 이스라엘이 미디안으로 말미암아 궁핍함이 심한지라 이에 이스라엘 자손이 여호와께 부르짖었더라 [7] 이스라엘 자손이 미디안으로 말미암아 여호와께 부르짖었으므로 [8] 여호와께서 이스라엘 자손에게 한 선지자를 보내시니 그가 그들에게 이르되 여호와께서 이같이 말씀하시기를 이스라엘의 하나님 내가 너희를 애굽에서 인도하여 내며 너희를 그 종 되었던 집에서 나오게 하여 [9] 애굽 사람의 손과 너희를 학대하는 모든 자의 손에서 너희를 건져내고 그들을 너희 앞에서 쫓아내고 그 땅을 너희에게 주었으며 [10] 내가 또 너희에게 이르기를 나는 너희의 하나님 여호와이니 너희가 거주하는 아모리 사람의 땅의 신들을 두려워하지 말라 하였으나 너희가 내 목소리를 듣지 아니하였느니라 하셨다 하니라(삿 6:6~10)

사사기에는 반복되는 이야기가 있다. 그것은 이스라엘 백성들이 하나님께 악을 행하여, 하나님을 잊어버리고 우상을 숭배하는 것이다. 그러면 하나님은 그들을 회개하고 돌아오도록, 주변의 나라에게 이스라엘을 내어 주어 이스라엘 백성들은 괴로워한다. 그때 적들의 손에 괴로움을 당하는 이스라엘 백성들이 하나님께 나아가 간절히 회개하고 기도할 때, 하나님은 그들의 기도를 들어 주셔서 그들에게 사사를 세우시고, 그 사사들을 통하여 이스라엘 백성들을 건져 주신다는 이야기이다. 오늘 본문에도 이스라엘 백성들이 하나님께 악을 행할 때 하나님이 이스라엘 백성들을 미디안의 손에 내어 주어 이스라엘 백성들이 고난 가운데서 하나님께 간구한 것을 보여준다. 오늘 본문의 말씀이 우리에게 주시는 교훈은 무엇일까?

첫째로, 자녀들에게 하나님을 기억하게 하라.

우리는 성경을 읽으면서, 왜 이스라엘 백성들은 이렇게 자주 하나님을 잊어버리고, 하나님께 악을 행하며 살아갈까? 하는 의문을 품게 된다. 우리는 사사기를 짧은 시간 안에 다 읽을 수 있지만, 사사기는 수많은 세대와 세월의 역사를 기록한 것이다. 이스라엘 백성들은 그들의 부모들의 신앙의 교훈을 잊어버리고, 우상을 숭배하며 하나님께 악을 행하며 살아갔다. 그 이야기는 우리는 자녀들에게 하나님을 바로 가르쳐야 하는 것의 중요성을 깨닫게 한다. 우리의 세대가 지나가더라도, 자녀들이 하나님을 잊어버리지 않도록, 하나님이 누구신지 제대로 가르쳐야 한다. 그래서 그들이 하나님을 잊어버리고, 우상을 숭배하며 하나님 앞에서 악을 행하며 살지 않도록 우리의 자녀들을 가르쳐야 한다. 신명기 6장은 자녀들에게 하나님의 말씀을 가르치라고 말한다.

> [6] 오늘 내가 네게 명하는 이 말씀을 너는 마음에 새기고 [7] 네 자녀에게 부지런히 가르치며 집에 앉았을 때에든지 길을 갈 때에든지 누워 있을 때에든지 일어날 때에든지 이 말씀을 강론할 것이며(신 6:6~7)

우리는 우리 자녀들에게 무엇을 물려주려고 하나? 우리가 자녀들에게 물려줄 가장 중요한 가치는 돈도, 명예도 아닌 하나님을 잘 믿고 살아가는 믿음이다. 우리는 우리 자녀들이 하나님을 의지하고 믿음으로 살아가야 함을 가르쳐야 한다. 우리 자녀들에게 부지런히 하나님의 말씀을 가르치며, 강론해야 한다. 자녀들이 하나님을 떠나지 않도록 가르쳐야 한다.

둘째로, 기도는 하나님을 움직인다.

> 여호와께서 이스라엘 자손에게 한 선지자를 보내시니 그가 그들에게 이르되 여호와께서 이같이 말씀하시기를 이스라

엘의 하나님 내가 너희를 애굽에서 인도하여 내며 너희를 그

종 되었던 집에서 나오게 하여(삿 6:8)

하나님은 어느 순간에도 우리의 기도에 귀 기울이고 계신다. 우리가 악을 범하여 괴로움 가운데 있을 때 회개하고 하나님께 돌아오면, 하나님은 또다시 은혜를 베풀어 주신다. 사사기 6장 7 절에 보면 "이스라엘 자손이 미디안으로 말미암아 여호와께 부르짖었으므로"라고 말한다. 이스라엘 백성들이 하나님께 간구할 때 하나님은 그의 백성들의 간구에 귀를 기울이신다. 하나님은 우리의 기도를 들으신다.

여호와여 아침에 주께서 나의 소리를 들으시리니 아침에 내

가 주께 기도하고 바라리이다(시 5:3)

하나님은 곤고한 사람의 기도를 들으시고 구원하신다.

이 곤고한 자가 부르짖으매 여호와께서 들으시고 그의 모든

환난에서 구원하셨도다(시 34:6)

우리는 어떤 연약함이 있든지, 어떤 문제가 있든지 수시로 하나님께 나아가 우리의 마음을 쏟아 놓아야 한다. 성경에는 수많은 사람이 하나님께 나아가 간구하여 응답받은 간증으로 가득

하다. 우리도 문제를 만났는가? 하나님께 나아가 간구하자. 하나님은 우리의 기도를 들으시고, 오늘도 기적을 베풀어 주신다.

셋째로, 하나님은 인도하시고, 건져내신다.

이스라엘 백성들이 하나님께 기도했더니, 하나님은 그들의 기도를 들으시고 선지자를 통하여 말씀하셨다. 오늘 우리가 주목할 것은 사사기 6장 8절에 "내가 너희를 애굽에서 인도하여 내며"라는 구절이다. 이스라엘 백성이 대단해서 애굽에서 나와 가나안에 정착하여 살게 된 것이 아니라는 것이다. 하나님이 인도해서 그들이 이곳까지 오게 된 것이다. 오늘도 하나님은 우리를 인도하고 계신다. 어떤 때는 우리는 지금 통과하고 있는 고난과 문제로 인하여 낙심하고 살아갈 때가 있다. 그러나 그 순간에도 하나님께서 우리를 인도하고 계심을 잊지 말자. 사사기 6장 9절에 보면 "애굽 사람의 손과 너희를 학대하는 모든 자의 손에서 너희를 건져내고"라는 말씀이 있다.

하나님은 건져내시는 하나님이시다. 우리는 우리의 힘이나 능력으로 사는 것이 아니라 하나님의 은혜로 산다. 하나님께서 우리를 대적에게서 건져내셔서 우리를 살게 하신다. 사사기 6장 10절에 보면, "나는 너희의 하나님 여호와이니 너희가 거주하는 아모리 사람의 땅의 신들을 두려워하지 말라 하였으나"라는 말씀이 있다. 전능하신 하나님을 믿고 살아가는 이스라엘 백성들이 아모리 사람의 땅의 신들을 두려워하고 있었다는 것이다. 이스라엘 백성들도, 하나님을 의지하는 믿음을 잃어버리면 아모리 사람의 땅의 신을 두려워하고 살아가는 사람이 되어 버린다.

우리는 날마다 죄악에서 벗어나야 한다. 그러기 위해서 자녀들에게 하나님을 제대로 가르쳐야 한다. 기도에 힘써야 한다. 우리를 인도하시고, 건지시는 하나님을 의지하며 승리하며 살아가자.

오늘의 묵상 포인트

- 나는 자녀들에게 하나님을 가르치고 하나님을 기억하게 하고 있는가?
- 나는 기도할 때 하나님께서 내 기도를 듣고 계신다는 확신을 가지고 기도하고 있는가?
- 나는 살아가면서 하나님이 나를 인도하고 계신다는 것을 느낀 적이 있는가?

기드온 이야기 3
: 열등감을 이겨라

삿 6:11~16

[11] 여호와의 사자가 아비에셀 사람 요아스에게 속한 오브라에 이르러 상수리나무 아래에 앉으니라 마침 요아스의 아들 기드온이 미디안 사람에게 알리지 아니하려 하여 밀을 포도주 틀에서 타작하더니 [12] 여호와의 사자가 기드온에게 나타나 이르되 큰 용사여 여호와께서 너와 함께 계시도다 하매 [13] 기드온이 그에게 대답하되 오 나의 주여 여호와께서 우리와 함께 계시면 어찌하여 이 모든 일이 우리에게 일어났나이까 또 우리 조상들이 일찍이 우리에게 이르기를 여호와께서 우리를 애굽에서 올라오게 하신 것이 아니냐 한 그 모든 이적이 어디 있나이까 이제 여호와께서 우리를 버리사 미디안의 손에 우리를 넘겨주셨나이다 하니 [14] 여호와께서 그를 향하여 이르시되 너는 가서 이 너의 힘으로 이스라엘을 미디안의 손에서 구원하라 내가 너를 보낸 것이 아니냐 하시니라 [15] 그러나 기드온이 그에게 대답하되 오 주여 내가 무엇으로 이스라엘을 구원하리이까 보소서 나의 집은

므낫세 중에 극히 약하고 나는 내 아버지 집에서 가장 작은 자니이다 하니 [16] 여호와께서 그에게 이르시되 내가 반드시 너와 함께 하리니 네가 미디안 사람 치기를 한 사람을 치듯 하리라 하시니라(삿 6:11~16)

우리는 자신도 모르게 열등감과 낮은 자존감의 포로가 되어 살아갈 때가 있다. 하나님은 그런 우리의 상한 마음을 치유해 주시고, 평안을 주시기를 원하신다. 사사기 6장에 보면 이스라엘 백성들이 하나님을 떠나 악을 행하며 살아갈 때 하나님은 그들을 미디안의 손에 내어 주셨다. 이스라엘 백성들이 고통 가운데서 하나님께 부르짖을 때, 하나님은 기드온을 세우셔서 그들을 구원하셨다. 그러나 기드온은 깊은 열등감에 사로잡혀 살아가고 있었다. 하나님은 그를 부르셔서 그의 열등감에서 벗어나게 하시고, 그를 통하여 이스라엘 백성들에게 구원의 길을 열어 주셨다. 오늘 본문을 통하여 우리에게 주시는 말씀은 무엇일까?

첫째로, 하나님은 우리를 큰 용사로 보고 계신다.

오늘 본문에 보면 하나님은 기드온을 사사로 부르셔서 그를 보내어 이스라엘 백성들을 미디안의 손에서 건져주기를 원하셨다. 그러나 하나님이 부르셨을 때 기드온은 다른 이스라엘 백성들과 다름없이 두려움에 사로잡혀 살아가는, 열등감이 많은 보통 사람이었다.

> 여호와의 사자가 아비에셀 사람 요아스에게 속한 오브라에
> 이르러 상수리나무 아래에 앉으니라 마침 요아스의 아들 기
> 드온이 미디안 사람에게 알리지 아니하려 하여 밀을 포도주
> 틀에서 타작하더니(삿 6:11)

기드온은 겁쟁이였다. 그는 미디안 사람들에게 들키지 않으려고, 밀을 포도주 틀에서 타작하는 두려움이 많은 사람이었다. 그러나 하나님의 사자는 그런 기드온에게 놀라운 말을 했다.

> 여호와의 사자가 기드온에게 나타나 이르되 큰 용사여 여호
> 와께서 너와 함께 계시도다 하매(삿 6:12)

하나님의 사자는 기드온에게 "큰 용사여!"라고 말했다. 기드온은 열등감과 두려움을 가지고 '나는 아무것도 할 수 없다'고 생각하고 살았다. 그러나 하나님의 사자는 그런 기드온에게 '큰 용사'라고 불렀다. 하나님은 우리의 단점보다는 장점을 보시고, 우리의 가능성을 보고 계신다.

> 이는 내 생각이 너희의 생각과 다르며 내 길은 너희의 길과
> 다름이니라 여호와의 말씀이니라(사 55:8)

우리는 우리 자신을 바라볼 때 부정적으로 바라보고, 할 수 없다고 바라보지만, 하나님의 생각은 우리의 생각과 다르다. 하나님은 우리도 할 수 있다고 말씀하신다.

둘째로, 어떤 순간에도 하나님이 함께하심을 믿어라.

사사기 6장 12절 뒷부분에 보면 하나님의 사자는 기드온에게 "여호와께서 너와 함께 계시도다."라고 말했다. 기드온에게 이것은 큰 충격적인 말씀이었다. 자신과 같이 열등감과 두려움이 가득한 사람에게 하나님이 함께하신다고? 기드온은 '하나님이 함께하신다면 어떻게 이스라엘 백성들에게 미디안이 쳐들어와서 이렇게 고난을 줄 수 있겠는가?'라는 의문이 마음속에 일어났다. 그래서 그는 대답했다.

> 기드온이 그에게 대답하되 오 나의 주여 여호와께서 우리와 함께 계시면 어찌하여 이 모든 일이 우리에게 일어났나이까 또 우리 조상들이 일찍이 우리에게 이르기를 여호와께서 우리를 애굽에서 올라오게 하신 것이 아니냐 한 그 모든 이적이 어디 있나이까 이제 여호와께서 우리를 버리사 미디안의 손에 우리를 넘겨주셨나이다 하니(삿 6:13)

미디안이 이스라엘 백성들을 이렇게 괴롭히는 것을 보니, 우리는 하나님께 버림을 받았고, 하나님이 우리와 함께하시지 않는 것 같다는 것이다. 그러나 이스라엘 백성들이 당하고 있는 고난은 하나님이 이스라엘을 버려서가 아니라, 그들을 하나님 중심으로 살게 하시기 위한 과정이었다. 우리도 문제를 만나면 '하나님이 나를 버리신 것이 아닌가?' '하나님은 내 기도를 듣고 계시는가?' 그런 생각을 할 때가 있다. 그러나 그 순간에도 하나님은 우리와 함께하고 계심을 믿어야 한다. 밤에 가장 캄캄할 때가 새벽이 가장 가까운 때라는 말이 있다. 우리도 인생의 가장 어두운 어둠을 지날 때, 그 순간에도 하나님이 우리와 함께하고 계신다는 사실을 잊지 말아야 한다.

셋째로, 성령의 능력으로 우리는 열등감을 극복할 수 있다.

하나님은 기드온에게 가서 미디안의 손에서 이스라엘 백성들을 구원해 내라고 말씀하셨다. 그러나 기드온은 자신을 볼 때 자신은 그럴만한 인물이 못 된다고 고백했다.

> 그러나 기드온이 그에게 대답하되 오 주여 내가 무엇으로 이스라엘을 구원하리이까 보소서 나의 집은 므낫세 중에 극히 약하고 나는 내 아버지 집에서 가장 작은 자니이다 하니(삿 6:15)

기드온은 자신은 이스라엘 백성들을 구원할 수 있는 재능도 없고, 자신은 므낫세 지파 중에서도 가장 약하다고 고백했다. 자신이 아무리 말해도 이스라엘 지파들이 자신을 도와 미디안에서 이스라엘 백성들을 구원해낼 일을 할 것 같지 않았기 때문이다. 내 말을 누가 들어주고, 내가 한다고 되겠냐는 것이다. 하나님은 그런 말을 하는 기드온에게 성령의 능력을 부어 주셨다. 그가 자신의 힘과 능력으로 미디안에서 이스라엘 백성들을 구원하는 것이 아니라, 하나님이 주시는 힘과 능력으로 그들을 구원하시는 것을 알게 하시기를 원하셨다.

여호와의 영이 기드온에게 임하시니 기드온이 나팔을 불매 아비에셀이 그의 뒤를 따라 부름을 받으니라 (삿 6:34)

기드온은 하나님의 영이 그에게 임할 때, 자신의 열등감과 두려움을 이길 수 있었다. 그가 성령을 의지하여 나팔을 불 때 사람들이 그에게로 나왔고, 미디안과의 전쟁을 승리로 이끌 수 있었다. 내 힘으로 하는 것이 아니다. 성령이 우리를 도와주시는 것을 잊지 말아야 한다. 하나님은 우리를 열등감의 굴레에서 벗어나게 하신다. 우리는 어떤 순간에도 하나님이 함께하심을 믿자. 성령이 우리에게 권능을 주고 계심을 믿고 살아가자.

오늘의 묵상 포인트

- 나는 나 자신을 긍정적으로 보고 있는가?

- 나는 어떤 순간에도 하나님이 나와 함께하고 계심을 믿는가?

- 나는 내 힘이 아니라 성령의 능력을 의지하고 살고 있는가?

기드온 이야기 4
: 미디안을 공격하라

삿 7:1~4

[1] 여룹바알이라 하는 기드온과 그를 따르는 모든 백성이 일찍이 일어나 하롯 샘 곁에 진을 쳤고 미디안의 진영은 그들의 북쪽이요 모레산 앞 골짜기에 있었더라 [2] 여호와께서 기드온에게 이르시되 너를 따르는 백성이 너무 많은즉 내가 그들의 손에 미디안 사람을 넘겨주지 아니하리니 이는 이스라엘이 나를 거슬러 스스로 자랑하기를 내 손이 나를 구원하였다 할까 함이니라 [3] 이제 너는 백성의 귀에 외쳐 이르기를 누구든지 두려워 떠는 자는 길르앗산을 떠나 돌아가라 하라 하시니 이에 돌아간 백성이 이만 이천 명이요 남은 자가 만 명이었더라 [4] 여호와께서 또 기드온에게 이르시되 백성이 아직도 많으니 그들을 인도하여 물가로 내려가라 거기서 내가 너를 위하여 그들을 시험하리라 내가 누구를 가리켜 네게 이르기를 이 사람이 너와 함께 가리라 하면 그는 너와 함께 갈 것이요 내가 누구를 가리켜 네게 이르기를 이 사람은 너와 함께 가지 말 것이니라 하면 그는 가지 말 것이

니라 하신지라(삿 7:1~4)

하나님은 기드온에게 열등감과 두려움을 극복하게 하시고, 그에게 이스라엘 백성들 가운데 군사들을 모아서 미디안과 전쟁을 하게 하셨다. 하나님의 전쟁은 사람들의 일반적인 생각과는 많은 차이가 있었다. 하나님은 삼만 이천 명의 지원자 가운데 먼저 이만 이천 명이 집으로 돌아가게 하시고, 남은 만 명 가운데서도, 300명만을 남기고 모두 집으로 돌아가게 하였다. 왜 하나님은 미디안 대군과 기드온의 300명과의 전쟁을 시작하게 하시는 것일까? 본문을 통하여 우리에게 주시는 교훈은 무엇일까?

첫째로, 전쟁은 사람의 힘에 달린 것이 아니다.

> 여호와께서 기드온에게 이르시되 너를 따르는 백성이 너무 많은즉 내가 그들의 손에 미디안 사람을 넘겨주지 아니하리니 이는 이스라엘이 나를 거슬러 스스로 자랑하기를 내 손이 나를 구원하였다 할까 함이니라(삿 7:2)

하나님이 먼저 이만 이천 명의 사람들을 돌아가게 하신 이유는 이 전쟁은 처음부터 사람의 전쟁이 아니라, 하나님이 하시는 전쟁이라는 것을 알게 하려는 것이다. 이스라엘 백성들은 많은 군인이 참가하여 전쟁에 승리하게 되면, 그들은 자신들의 힘과 능력으로 전쟁에서 이겼다고 이야기할 것이기 때문이다. 그래서 하나님은 기드온에게 미디안의 대군을 대항하여 단지 300명의 군인으로 전쟁을 치르기를 원하셨다. 오늘 우리도 인생을 살아가면서 내 힘과 내 능력으로 마귀의 세력을 대항하여 승리할 수 있는 것이 아니다. 하나님이 도와주셔야 한다. 하나님을 의지함으로써 믿음으로 승리하는 삶을 살아가자.

둘째로, 두려워하지 말라.

> 이제 너는 백성의 귀에 외쳐 이르기를 누구든지 두려워 떠는 자는 길르앗산을 떠나 돌아가라 하라 하시니 이에 돌아간 백성이 이만 이천 명이요 남은 자가 만 명이었더라(삿 7:3)

하나님은 이스라엘 백성 가운데 두려워 떠는 사람은 돌아가라고 하셨다. 이스라엘 백성들의 두려움은 하나님을 믿지 못하는 불신의 또 다른 모습이다. 하나님이 자신과 함께하심을 믿는다면 두려워할 이유가 없기 때문이다. 이스라엘 백성들 가운데 어떤 사람은 하나님이 자신과 함께하고 계심을 확신하고 담대함으로 전쟁에 나온 사람들도 있었다. 그러나 수많은 이스라엘 백성들이 두려움을 가지고 있었다. 그래서 하나님은 그들에게 돌아가라고 하셨다. 하나님은 오늘도 우리가 두려움에 사로잡혀 살지 말라고 말씀하신다. 다윗은 수많은 고난과 죽음의 고비를 만났다. 그러나 그런 상황 속에서도 다윗은 두려움을 내려놓고 담대하게 믿음으로 고백했다.

> 천만인이 나를 에워싸 진 친다 하여도 나는 두려워하지 아니하리이다(시 3:6)

천만인이 진을 치는데 어떻게 두려워하지 않을 수 있는가? 그것은 다윗은 하나님이 자신을 돕고 계신 것을 알고 있었기 때문이다.

> 구원은 여호와께 있사오니 주의 복을 주의 백성에게 내리소서(시 3:8)

오늘 우리는 구원이 나에게 있는 것이 아니라, 하나님께 있음을 알아야 한다. 하나님이 나와 함께하시고, 나를 도와주시면 우리는 어떤 영적인 전쟁에서도 이길 수 있다는 사실을 알아야 한다. 우리의 마음속에도 두려움이 있다면, 그 모든 두려움을 하나님께 맡기고, 믿음으로 승리하며 살아가자.

셋째로, 전적으로 하나님을 신뢰하라.

하나님의 계획과 방법은 때로는 사람의 생각으로 이해하지 못할 때가 많다. 하나님이 이스라엘 백성들에게 여리고성을 무너뜨리게 할 때도 하나님은 단지 여호수아와 그의 백성들에게 여리고성을 돌라고만 말씀하셨다. 그리고 일곱째가 되는 날 나팔을 불고, 함성을 지를 때 그 성이 무너지게 하셨다. 이것은 쉽게 이해가 되지 않는 것이었다. 사사기 7장에도 하나님이 기드온에게 전쟁에 나갈 사람을 뽑으라 하실 때도, 내가 누구를 가리켜 이 사람은 가라고 하면 가고, 저 사람은 가지 말라고 하면 가지 말라고 말씀하셨다. 사람들 가운데 물가에서 물을 마시는 모습을 보며 그들 중에서 물을 혀로 핥아 마시는 사람 300명을 따로 세워서 그들을 전쟁에 나가게 하라고 하셨다. 이것도 쉽게 이해가 되지 않는 부분이다. 하나님은 또한 전쟁에 나가는 기드온의 군대에게 항아리와 횃불과 나팔을 가지고 가라고 말씀하셨다. 이것도 쉽게 이해가 되지 않는 부분이다.

하나님은 때로 사람의 이해가 되지 않는 방식으로 일하신다. 하나님은 한밤중에 미디안의 진영에 다가가서 항아리를 부수고, 나팔을 불며, 횃불을 들고 "야훼와 기드온의 칼이다!"라고 외치도록 하셨다. 그때 잠에 취해 있던 미디안의 군사들이 놀라서 일어나 기드온의 군사들이 쳐들어온 줄 알고 서로서로 죽이게 되었다. 결국 기드온은 큰 승리를 거두게 되었다. 하나님은 때로 우리가 보기에는 이상한 전쟁을 하게 하신다. 중요한 것은 우리가 볼 때는 이상해 보여도 우리가 하나님의 약속의 말씀에 순종하면, 하나님이 그 모든 전쟁을 책임져 주신다는 것이다.

기드온은 연약한 사람이었다. 하나님은 약한 그를 붙드시고 강하게 사용하셨다. 약한 기드온이라고 해도, 하나님은 그를 통하여 미디안의 손에서 이스라엘 백성들을 구원하시고 승리를 주셨다. 오늘 우리도 우리의 자신의 열등감, 두려움 등의 약함을 모두 하나님께 맡기고, 하나님의 약속의 말씀을 붙들고 살아가자. 하나님은 오늘도 연약한 사람을 통하여 놀라운 일을 행하신다.

오늘의 묵상 포인트

- 나는 전쟁이 사람에게 속한 것이 아님을 알고 있는가?
- 나는 열등감이나 두려움에 사로잡혀 살고 있지는 않은가?
- 나는 전적으로 하나님을 신뢰하고 있는가?

제 6 장

성경의 핵심 묵상: 삼손

삼손 이야기 1
: 놀라운 하나님의 은혜

샷 13:2~3

[2] 소라 땅에 단 지파의 가족 중에 마노아라 이름하는 자가 있더라 그의 아내가 임신하지 못하므로 출산하지 못하더니 [3] 여호와의 사자가 그 여인에게 나타나서 그에게 이르시되 보라 네가 본래 임신하지 못하므로 출산하지 못하였으나 이제 임신하여 아들을 낳으리니(삿 13:2~3)

이스라엘에 '마노아'라는 사람이 살고 있었다. 그와 그의 아내 사이에는 자녀가 없었다. 자녀가 없어서 낙심하고 살아가는 부부에게 어느 날 하나님의 사자가 나타났다. 하나님의 사자는 마노아의 아내에게 임신하여 아들을 낳을 것이라고 이야기했다. 이 아들의 탄생은 마노아의 집에만 주어진 경사는 아니었다. 그 아들은 이스라엘 백성들을 블레셋의 손에서 건져낼 사람이었기 때문이다. 오늘 본문의 말씀을 통하여 우리에게 주시는 교훈은 무엇일까?

첫째로, 하나님은 놀라운 은혜를 예비하고 계신다.

이스라엘 자손이 다시 여호와의 목전에 악을 행하였으므로
여호와께서 그들을 사십 년 동안 블레셋 사람의 손에 넘겨
주시니라 (삿 13:1)

당시에 이스라엘은 하나님께 악을 행하여 블레셋의 압제하에
살고 있었다. 이스라엘 백성들이 하나님께 악을 행하므로, 하나
님은 이스라엘 백성들을 사십 년 동안이나 블레셋 사람들의 손
에 넘겨준 상태였다. 하나님은 악을 행하고, 우상을 숭배하고 살
아가던 이스라엘 백성들이 회개하고 하나님께 돌아오기를 원하
셨다. 그러나 그들은 자기 뜻대로 우상을 숭배하고 살았다. 하
나님은 불순종하는 이스라엘 백성들을 블레셋 민족에게 붙여
사십 년 동안 고난 가운데 살게 하신 것이다. 사십 년 동안이나
다른 민족에게 공격을 받고, 약탈을 당하고 살아간다는 것은 참
으로 괴로운 일이다.

이 기간에 하나님은 이스라엘 백성들이 회개하고, 하나님께
돌아와 하나님을 의지하고 살기를 원하셨다. 하나님은 이스라엘
백성들이 고난 속에서 하나님께 나와 회개하고 간구할 때 이스
라엘 백성들을 돕기 위하여 사사를 세우셨다. 하나님은 놀라운
은혜의 아버지이시다. 하나님은 이스라엘 백성들이 죄를 범하였
음에도 불구하고, 그들에게 회개의 기회를 주시고, 그들에게 또

다시 기회를 주시는 은혜의 하나님이시다. 오늘 우리도 하나님의 뜻과는 다른 우리의 뜻대로 살고 있지는 않은가? 그래서 나도 모르게 광야의 길을 걷고 있지는 않은가? 하나님은 우리가 회개하고, 하나님을 의지하고 살라고 말씀하신다. 놀라운 은혜를 베푸시는 하나님을 의지하고 살아가자.

둘째로, 하나님은 사람을 세워서 일하신다.

사사기에 보면 이스라엘 백성들은 하나님을 실망시켰다. 그럼에도 불구하고 하나님은 그들을 버리지 않으시고, 지도자를 세워서 일을 맡기셨다. 하나님은 블레셋의 압제하에 고통당하는 이스라엘 백성들을 구해내기 위하여 지도자를 세워 이스라엘을 이방인의 손에서 건지게 하셨다. 성경에 보면 하나님은 이스라엘 백성들을 인도할 때 늘 사람을 세워 그들을 통해서 인도하셨다. 애굽에서 고통받는 이스라엘 백성들을 인도하시기 위해서 모세를 세우셨다. 이스라엘 백성들이 광야의 여정이 끝나고 가나안 땅에 들어갈 때, 하나님은 여호수아를 세우셔서 이스라엘 백성들을 인도하셨다. 하나님은 사사들을 세워 이스라엘 백성들을 인도하셨듯이, 오늘도 우리 한 사람, 한 사람을 세워서 사용하기를 원하신다. 우리 한 사람, 한 사람이 하나님께 쓰임 받는 사명자로서 살아가자. 우리 주변에 어려움과 고통 가운데 살아가는 사람들을 도와주며, 사랑을 베풀며 살아가자.

셋째로, 하나님은 우리에게 희망을 주신다.

> 여호와의 말씀이니라 너희를 향한 나의 생각을 내가 아나니
> 평안이요 재앙이 아니니라 너희에게 미래와 희망을 주는 것
> 이니라(렘 29:11)

자녀가 없었던 마노아 부부는 처음에는 '왜 자신들에게 자녀가 없는 이런 고난이 다가왔는가?' 하고 생각했을 것이다. 그러나 하나님은 마노아 부부를 버리지 않으셨고, 그들에게 임신의 복을 주시고, 삼손을 낳게 하셨다. 인생 가운데 있는 문제와 고난을 단순히 문제와 고난으로만 바라보지 말고, 어떤 문제와 고난이 있을지라도, 그 고난을 잘 이기고 나갈 때, 하나님이 놀라운 복을 예비하고 계심을 믿고 나갈 때, 비로소 하나님은 놀라운 복을 부어 주신다.

성경에 보면 하나님은 임신이 불가능한 사람에게 기적적으로 임신을 하게 하시고, 자녀를 낳게 하신 경우를 많이 볼 수 있다. 그리고 그 자녀를 하나님이 쓰시는 지도자가 되게 하셨다. 하나님은 임신하지 못하는 아브라함의 아내 사라에게 이삭을 낳게 하시고, 이삭을 통하여 믿음의 조상이 되게 하셨다. 하나님은 임신하지 못하는 한나에게 사무엘을 낳게 하시고, 이스라엘의 선지자와 사사가 되게 하셨다. 하나님은 불가능을 가능으로 바꾸어 주시고, 놀라운 희망을 주시는 하나님이시다.

오늘 우리에게도 문제가 다가오고 어려움이 다가온다. 그러나 어떤 어려움이 다가와도 우리가 잊지 말아야 할 것이 있다. 그것은 하나님은 어떤 순간에도 우리를 향한 놀라운 은혜를 예비하고 계신다는 것이다. 하나님은 사람을 세워서 일하시고, 우리에게 희망을 주시는 분이시다. 하나님은 문제 가운데 있는 이스라엘 백성들에게 삼손을 보내어 문제에서 건져내시고 승리하게 하셨던 것과 같이, 오늘 우리에게도 예수 그리스도를 보내셔서 승리의 삶을 살게 하신다. 오늘도 우리를 향하여 놀라우신 은혜를 예비하신 하나님을 바라보며 살자.

오늘의 묵상 포인트

- 하나님이 나에게 놀라운 은혜를 예비하고 계셨음을 느낀 적이 있나?
- 하나님은 사람을 세워 일하신다. 하나님은 나를 향한 어떤 계획이 있다고 생각하는가?
- 하나님은 오늘 우리에게 어떤 희망을 주고 계시는가?

삼손 이야기 2
: 거룩함을 추구하라

삿 13:4~7

[4] 그러므로 너는 삼가 포도주와 독주를 마시지 말며 어떤 부정한 것도 먹지 말지니라 [5] 보라 네가 임신하여 아들을 낳으리니 그의 머리 위에 삭도를 대지 말라 이 아이는 태에서 나옴으로부터 하나님께 바쳐진 나실인이 됨이라 그가 블레셋 사람의 손에서 이스라엘을 구원하기 시작하리라 하시니 [6] 이에 그 여인이 가서 그의 남편에게 말하여 이르되 하나님의 사람이 내게 오셨는데 그의 모습이 하나님의 사자의 용모 같아서 심히 두려우므로 어디서부터 왔는지를 내가 묻지 못하였고 그도 자기 이름을 내게 이르지 아니하였으며 [7] 그가 내게 이르기를 보라 네가 임신하여 아들을 낳으리니 이제 포도주와 독주를 마시지 말며 어떤 부정한 것도 먹지 말라 이 아이는 태에서부터 그가 죽는 날까지 하나님께 바쳐진 나실인이 됨이라 하더이다 하니라(삿 13:4~7)

하나님은 하나님의 사자를 보내어 마노아 부부에게 삼손을 낳을 것을 알려 주시면서 마노아의 아내에게 포도주와 독주를 마시지 말며, 어떤 부정한 것도 먹지 말라고 말씀하셨다. 왜 하나님은 이런 것을 마시지도 말고, 먹지도 말라고 하셨을까? 그것은 마노아의 아내가 먹는 그것이 장차 태어날 삼손에게 영향을 미치기 때문이다. 하나님은 마노아의 아내가 잉태할 삼손은 하나님께 바쳐진 거룩한 나실인으로 살아가기를 원하셨다. 오늘 본문의 말씀을 통하여 우리에게 주시는 교훈은 무엇일까?

첫째로, 거룩함을 추구하며 살자.

> 그러므로 너는 삼가 포도주와 독주를 마시지 말며 어떤 부정한 것도 먹지 말지니라(삿 13:4)

하나님은 마노아의 아내에게 포도주와 독주를 마시지 말라고 하셨다. 어떤 부정한 것도 먹지 말라는 것이다. 어머니가 마시는 포도주와 독주와 부정한 음식은 탯줄로 연결된 자녀에게 영향을 미치기 때문이다. 성경에 보면 나실인에 대한 법을 민수기 6장은 말하고 있다. 나실인은 하나님께 특별하게 구별하여 드려진 사람들이다. 나실인은 포도주와 독주를 마시지 말아야 한다. 머리에 삭도를 대지 말아야 한다. 시체를 가까이하여 부정하지 말아야 한다. 나실인은 이 세 가지의 요소를 반드시 지켜서 하나님의 거룩한 사람으로 살아야 한다.

하나님은 왜 삼손에게 나실인이 되기를 원하셨을까? 하나님은 삼손이 이스라엘 백성들이 따라서 살아가고 있는 세속의 부정함에서 벗어나 하나님의 거룩함을 따라서 살기를 원하셨기 때문이다. 하나님의 말씀에 순종하여, 죄를 따라가지 말고, 하나님을 믿는 믿음으로 살라는 것이다. 이스라엘 백성들이 복을 받는 것은 하나님과의 언약을 지키고 살아갈 때라는 것이다. 오늘도 하나님은 우리가 죄 된 삶에서 벗어나 거룩하게 살고, 하나님께 헌신하는 삶을 살기를 원하신다.

> 너는 이스라엘 자손의 온 회중에게 말하여 이르라 너희는 거룩하라 이는 나 여호와 너희 하나님이 거룩함이니라(레 19:2)

우리는 포도주와 독주로 상징되는 세상에 취해서 살지 말고 거룩한 하나님의 사람으로 살아가자.

둘째로, 사명을 감당하며 살자.

> 보라 네가 임신하여 아들을 낳으리니 그의 머리 위에 삭도를 대지 말라 이 아이는 태에서 나옴으로부터 하나님께 바쳐진 나실인이 됨이라 그가 블레셋 사람의 손에서 이스라엘을 구원하기 시작하리라 하시니(삿 13:5)

하나님이 마노아의 가정에 삼손을 주시는 것은 단순히 자녀를 주어 그 가정에만 기쁨을 주시려는 것이 아니라, 그 자녀를 통하여 이스라엘 백성들을 건지고, 구원하시려는 계획이 있어서이다. 오늘도 하나님이 우리를 이 땅에 태어나게 하신 것은 우리를 나실인과 같이 거룩하게 구별하여, 하나님의 일꾼으로 사명을 주시기 위함이라는 사실을 잊지 말아야 한다. 예수님은 우리에게 놀라운 사명을 주셨다.

> 또 이르시되 너희는 온 천하에 다니며 만민에게 복음을 전파하라(막 16:15)

하나님은 오늘도 우리 주변에서 하나님을 알지 못하고, 블레셋과 같은 마귀의 압제하에서 살아가는 사람들에게 나아가 복음을 전하라고 하셨다. 그들을 구원의 길로 인도하라는 것이다. 우리에게 주신 영혼 구원의 사명을 잊지 말자.

셋째로, 우리의 힘은 하나님으로부터 온다.

마노아 부부의 아들 삼손은 놀라운 힘을 가진 사람이었다. 그의 힘은 어디서 오는 것일까? 삼손의 놀라운 힘은 하나님과의 관계에서 오는 것이었다. 삼손의 힘은 삼손의 것이 아니었다. 삼손의 힘은 하나님이 주신 것이며, 삼손이 하나님과의 언약 안에 있을 때 그 힘도 유지가 되는 것이었다. 오늘 우리도 인생을 살아가면서 우리가 가진 모든 것이 나의 지혜와 능력으로 말미암은 것이 아님을 알아야 한다. 우리에게 있는 재능, 우리에게 있는 돈, 우리에게 있는 모든 것이 나의 것이 아니고, 우리가 하나님으로부터 받은 것임을 알아야 한다. 우리는 하나님이 우리에게 주신 것을 관리하는 청지기라는 사실을 잊지 말아야 한다. 삼손이 하나님과 나실인의 언약을 지키고 살아갈 때, 하나님이 그에게 놀라운 힘을 주신 것처럼, 우리가 하나님을 믿고, 하나님을 의지하고 살아갈 때 우리의 모든 필요한 것을 공급해 주시고, 승리하며 살아갈 힘을 주신다.

하나님은 고난받는 이스라엘 백성들에게 삼손을 보내셔서 이스라엘 백성들을 블레셋의 손에서 건져내기를 원하셨다. 하나님은 삼손을 하나님께 드려진 사람으로 사용하셨다. 이와 같이 하나님은 우리도 하나님께 드려진 사람으로 사용하기를 원하신다. 우리는 날마다 하나님의 말씀을 읽고 묵상함으로 거룩함을 추구하며 살아가자. 사명을 감당하며 이웃들에게 복음을 전하며 영혼을 구원하며 살아가자. 하나님의 말씀 가운데 거하여 매일 하나님의 말씀을 묵상하며 살아가자.

- 나는 매일 기도, 성경 읽기, 예배 등을 통하여 거룩함을 추구하고 있
  는가?
- 오늘 나에게 주어진 사명을 무엇이라고 생각하는가?
- 나의 힘의 근원은 어디에 있다고 생각하는가?

삼손 이야기 3
: 하나님의 인도하심을 구하라

삿 14:1~4

[1] 삼손이 딤나에 내려가서 거기서 블레셋 사람의 딸들 중에서 한 여자를 보고 [2] 올라와서 자기 부모에게 말하여 이르되 내가 딤나에서 블레셋 사람의 딸들 중에서 한 여자를 보았사오니 이제 그를 맞이하여 내 아내로 삼게 하소서 하매 [3] 그의 부모가 그에게 이르되 네 형제들의 딸들 중에나 내 백성 중에 어찌 여자가 없어서 네가 할례받지 아니한 블레셋 사람에게 가서 아내를 맞으려 하느냐 하니 삼손이 그의 아버지에게 이르되 내가 그 여자를 좋아하오니 나를 위하여 그 여자를 데려오소서 하니라 [4] 그때에 블레셋 사람이 이스라엘을 다스린 까닭에 삼손이 틈을 타서 블레셋 사람을 치려 함이었으나 그의 부모는 이 일이 여호와께로부터 나온 것인 줄은 알지 못하였더라(삿 14:1~4)

우리는 매일 하나님의 인도하심 가운데 살아가야 한다. 사람의 지혜와 능력은 한계가 있기 때문이다. 우리가 하나님의 인도하심을 받아야 할 이유는 우리는 수많은 문제와 유혹 앞에서 무력한 존재이기 때문이다. 삼손도 하나님의 인도하심에 순종하며 살아갈 때는 놀라운 일을 이룰 수 있었지만, 그가 하나님의 인도하심을 잃어버리고 살아갈 때는 유혹에 빠져 실패자가 되었다. 오늘 본문을 통하여 우리에게 주시는 교훈은 무엇인가?

첫째로, 하나님의 인도하심에 민감하라.

삼손은 장성하여 블레셋 여인과 결혼하였다. 이것은 유대인들이 볼 때 이해가 되지 않는 일이었다. 당시에는 유대인이 이방인과 결혼을 한다는 것 자체가 이해가 되지 않는 일이었다. 그러나 삼손은 다른 생각이 있었다. 삼손은 블레셋 여인과의 결혼을 통하여 블레셋을 진멸하려는 계획을 가지고 있었다. 아무도 삼손을 이해하지 못했지만, 삼손이 블레셋 여인과의 결혼을 통하여 블레셋을 공격하려는 계획은 하나님으로부터 나온 것이었다고 성경은 말한다.

> 그때에 블레셋 사람이 이스라엘을 다스린 까닭에 삼손이 틈을 타서 블레셋 사람을 치려 함이었으나 그의 부모는 이 일이 여호와께로부터 나온 것인 줄은 알지 못하였더라(삿 14:4)

삼손은 블레셋에 내려가 블레셋 아내의 동네의 사람들에게 문

제를 내고, 그 문제를 맞히면 속옷과 겉옷을 30벌을 주겠다고
했다. 동네 사람들이 그 질문에 답을 하지 못하자, 그들은 삼손
의 아내에게 답을 알아내라고 강요했다. 결국 사람들이 그 아내
의 도움으로 그 문제를 맞히자, 삼손은 그 사람들에게 선물로
주려고 이웃의 블레셋 동네에 가서 블레셋 사람들을 죽이고 속
옷과 겉옷을 벗겨 그들에게 가져다주었다. 우리는 매일 하나님
의 말씀을 읽고 묵상하며, 하나님의 인도하심에 민감해야 한다.
때로 우리는 하나님의 인도하심이 이해가 되지 않을 수도 있다.
그러나 하나님이 우리에게 좋은 길로 인도하고 계심을 믿고, 믿
음으로 순종하며 살아야 한다.

**둘째로, 우리는 때로 억울한 일을 당하지만, 하나님은 그 순간에
도 그의 백성을 버리지 않는다.**

삼손이 블레셋을 진멸하자, 블레셋은 유다를 공격해 왔다. 그
리고 요구하기를 삼손을 넘겨주면 유다를 공격하지 않겠다고 했
다. 이에 유다의 군인들은 삼손에게 가서 자기들이 삼손을 잡아
서 블레셋 군대에 넘기겠다고 했다. 결국 삼손은 자기 민족의 손
에 사로잡혀 결박당한 채로 블레셋에게 넘겨지게 되었다. 참으
로 고통스럽고 억울한 순간이었을 것이다. 유다 사람들은 자신
들이 살자고, 블레셋을 공격하고 자신들을 도와준 삼손을 죽음
의 자리에 내어 준 것이다. 유다 백성들은 삼손을 버렸다. 그러

나 그 순간에도 하나님은 삼손을 버리지 않았다.

삼손이 레히에 이르매 블레셋 사람들이 그에게로 마주 나가
며 소리 지를 때 여호와의 영이 삼손에게 갑자기 임하시매
그의 팔 위의 밧줄이 불탄 삼과 같이 그의 결박되었던 손에
서 떨어진지라(삿 15:14)

삼손이 결박되어 블레셋 사람들에게 넘겨지자, 블레셋 사람들
은 이제 삼손을 잡게 되었다고 소리를 지르며 삼손을 죽이려고
달려 나왔다. 그러나 그 순간 하나님의 영, 성령이 삼손에게 임
하매, 삼손을 묶었던 밧줄이 떨어져 나갔다. 하나님이 삼손에게
힘을 주셔서 삼손을 묶고 있는 결박이 풀어져 나가게 한 것이
다.

삼손의 몸을 묶고 있던 밧줄이 끊어졌듯이, 하나님의 성령이
우리에게 임하실 때 우리를 묶고 있는 모든 결박이 끊어져 나가
게 된다. 하나님이 함께하실 때 우리를 묶고 있는 모든 상한 마
음과 가난과 저주와 질병의 결박이 풀어져 나가게 된다. 우리는
살다 보면 사람들에게 버림을 받을 수도 있다. 그러나 그 순간에
도 하나님께서 우리를 붙들고 계심을 잊지 말아야 한다. 모든
두려움을 하나님께 맡기고, 하나님의 약속을 의지하고 살자.

셋째로, 하나님은 기도에 응답하신다.

삼손은 블레셋 사람들이 자신을 죽이려고 다가올 때 주변에 무기가 될 만한 것을 찾았다. 삼손은 자신의 곁에 나귀의 턱뼈가 있는 것을 보았다. 그는 그 턱뼈를 들고 1,000명의 블레셋 사람들을 죽였다. 그는 그곳을 '라맛 레히'라고 불렀다. 그것은 턱뼈의 산이라는 뜻이다. 나귀 턱뼈 하나로 죽은 사람들이 산을 이루었기 때문이다. 그곳에서 1,000명을 나귀의 턱뼈로 죽이고 나니, 삼손은 심히 목이 말랐다. 그때 삼손은 하나님께 물을 달라고 간구했다.

[18] 삼손이 심히 목이 말라 여호와께 부르짖어 이르되 주께서 종의 손을 통하여 이 큰 구원을 베푸셨사오나 내가 이제 목말라 죽어서 할례받지 못한 자들의 손에 떨어지겠나이다 하니 [19] 하나님이 레히에서 한 우묵한 곳을 터뜨리시니 거기서 물이 솟아나오는지라 삼손이 그것을 마시고 정신이 회복되어 소생하니 그러므로 그 샘 이름을 엔학고레라 불렀으며 그 샘이 오늘까지 레히에 있더라(삿 15:18~19)

삼손이 하나님께 간구하매, 하나님께서 그 기도를 들으시고, 그에게 한 곳에서 물이 솟아나게 하셨다. 그곳이 '엔학고레'이다. 그 뜻은 '부르짖는 자의 샘'이라는 뜻이다. 하나님은 오늘도 우리가 목말라 부르짖을 때 생수의 샘이 터지게 하신다. 오늘도 우리가 하나님께 나아가 부르짖어 기도할 때, 생수의 강이 흘러넘치는 '엔학고레'의 복을 베풀어 주신다.

우리는 인생을 살아가면서 위기를 만난다. 그럴 때 우리는 하나님을 의지하며 살아야 한다. 하나님의 인도하심을 구하여야 한다. 사람들은 나를 버려도 하나님은 나를 버리지 않는다는 것을 잊지 말아야 한다. 하나님은 오늘도 우리의 기도에 응답하신다. 그 하나님의 인도하심을 따라서 살아가자.

오늘의 묵상 포인트

- 고난을 통과할 당시에는 이해가 되지 않았지만, 지나고 보니 그것이 하나님의 인도하심이었음을 깨닫게 된 적이 있는가?
- 하나님이 나를 절대 버리지 않는다는 생각을 한 적이 있는가?
- 나는 문제를 만날 때 하나님께 기도하는가?

삼손 이야기 4
: 항상 깨어 있으라

삿 16:18~22

[18] 들릴라가 삼손이 진심을 다 알려 주므로 사람을 보내어 블레셋 사람들의 방백들을 불러 이르되 삼손이 내게 진심을 알려 주었으니 이제 한 번만 올라오라 하니 블레셋 방백들이 손에 은을 가지고 그 여인에게로 올라오니라 [19] 들릴라가 삼손에게 자기 무릎을 베고 자게 하고 사람을 불러 그의 머리털 일곱 가닥을 밀고 괴롭게 하여 본즉 그의 힘이 없어졌더라 [20] 들릴라가 이르되 삼손이여 블레셋 사람이 당신에게 들이닥쳤느니라 하니 삼손이 잠을 깨며 이르기를 내가 전과 같이 나가서 몸을 떨치리라 하였으나 여호와께서 이미 자기를 떠나신 줄을 깨닫지 못하였더라 [21] 블레셋 사람들이 그를 붙잡아 그의 눈을 빼고 끌고 가사에 내려가 놋줄로 매고 그에게 옥에서 맷돌을 돌리게 하였더라 [22] 그의 머리털이 밀린 후에 다시 자라기 시작하니라 (삿 16:18~22)

이스라엘에는 드디어 평화의 시대가 왔다. 더 이상 블레셋도 쳐들어오지 않고, 모든 것이 평화로운 시기가 온 것이다. 그러나 우리는 평화의 시기에도 항상 조심해야 한다. 평화의 시기에도 우리가 예측하지 못하는 위기가 다가올 수 있기 때문이다. 삼손도 이 평화의 시기에 예상하지 못한 위기를 당하게 되었다. 오늘 본문을 통하여 우리에게 주시는 교훈은 무엇인가?

첫째로, 우리는 자만하지 말고 항상 영적으로 깨어 있어야 한다.

성경을 보면, 20년간 블레셋이 이스라엘을 침략하지 못했지만, 그들이 이스라엘을 공격하는 것을 포기한 것은 아니었다. 삼손 때문에 이스라엘을 공격하지는 못했지만, 그들은 기회를 엿보고 있었다. 오랫동안 전쟁이 없고, 평안하니 삼손은 영적으로 무뎌지기 시작했다. 삼손은 소렉 골짜기에 사는 들릴라라는 여인을 사랑하게 되었는데, 블레셋 사람들이 이 사실을 알고 이 여인을 매수하였다. 돈을 줄 테니 삼손의 힘의 비밀을 알려달라는 것이었다.

평화 속에서 영적으로 무뎌진 삼손은 들릴라로 인하여 망하게 되었다. 들릴라에게 말하지 말아야 할, 자신의 힘의 비밀을 이야기한 것이 문제였다. 삼손은 자신의 비밀인 '자신의 머리털에 삭도를 대어 머리카락을 베어 버리면 자신의 힘이 사라진다'는 사실을 털어놓았다. 삼손은 자신의 비밀을 들릴라에게 말하는 것의 중요성을 심각하게 생각하지 않았다. '그 말을 한다고 무슨 일이 있으려고? 설마 들릴라가 나를 배신하겠나? 무슨 일이 있어도 내게는 놀라운 힘이 있으니 걱정 없어'라는 생각으로, 들릴라에게 자신의 힘의 비밀을 이야기했을 것이다. 우리는 자만하지 말아야 한다. 늘 영적으로 깨어 있어야 한다. 우리는 매일 깨어서 마귀에게 틈을 주지 말아야 한다.

둘째로, 마음을 지켜야 한다.

비가 올 때 비를 맞지 않으려면, 우산을 써서 비를 막는 것이 상책이다. 비를 맞지 않겠다고 주먹을 들고 허공에 휘저으며 비와 싸우는 것은 아무런 의미가 없다. 결국 온몸은 비에 다 젖게 되는 것이다. 삼손은 들릴라가 자신을 망하게 하는 사람이라는 것을 알아차렸어야 했다. 자신에게 힘의 비밀을 자꾸 물어볼 때 그것은 뭔가 문제가 있는 것임을 알아채야 했다. 그러나 삼손은 들릴라의 말을 신중하게 생각하지 않았다. 무슨 문제가 있어도 자신은 힘이 있으니 괜찮으리라 생각했다. 삼손은 들릴라가 자신의 몸을 여러 번 결박하려고 했을 때, 들릴라가 뭔가 일을 꾸미고 있다는 것을 알아챘어야 했고, 새가 사냥꾼의 올무에서 벗어나듯이, 들릴라를 멀리하고, 들릴라의 계획에서 벗어나야 했다. 그러나 삼손은 들릴라가 자신의 비밀을 묻는 것은 자신과 하는 놀이 정도로만 생각했다. 삼손은 들릴라가 블레셋 사람에

게서 돈을 받고 자신의 힘의 비밀을 알아내려고 한다는 사실은
꿈에도 생각하지 못했다. 오늘 우리는 마음을 지켜야 한다. 유
혹은 누구에게나 다가온다. 그럴 때 마음을 지키고 유혹을 이기
며 살아가야 한다.

셋째로, 하나님은 회복의 은혜를 주신다.

삼손이 비밀을 말하자, 들릴라는 삼손에게 자기의 무릎을 베
고 자게 하고, 삼손이 잠들자 그의 머리털 일곱 가닥을 밀어 버
렸다. 그리고 삼손을 깨우자 이미 삼손의 몸에서는 힘이 사라져
버렸다.

> 들릴라가 삼손에게 자기 무릎을 베고 자게 하고 사람을 불
> 러 그의 머리털 일곱 가닥을 밀고 괴롭게 하여 본즉 그의 힘
> 이 없어졌더라 (삿 16:19)

힘을 잃어버린 삼손은 블레셋의 군사들에게 쉽게 잡혔다. 참
으로 슬픈 순간이다. 삼손은 이런 일이 다가오리라고는 상상도
하지 못했다. 자신이 믿은 사람이 자신에게 이렇게 하리라고는
생각하지 못했다. 아무리 눈물을 흘리고, 후회를 하여도 소용없
는 일이 되고 말았다. 삼손은 끌려가 비참한 삶을 살게 되었다.
블레셋 사람들은 삼손의 눈을 빼고, 놋줄로 매고, 옥에서 맷돌

을 돌리는 노예로 만들어 버렸다. 과거에 하나님께 놀랍게 쓰임받아 블레셋을 두렵게 했던 이스라엘의 위대한 사사가 한순간의 실수로 이제는 노예가 되어, 감옥에서 맷돌을 돌리는 신세가 된 것이다. 그러나 하나님은 은혜의 아버지이시다. 나실인의 은혜를 우습게 여겨 힘을 잃어버린 삼손이었지만, 하나님은 그를 버리지 않으셨다. 사사기 16장 22절에 보면 중요한 구절이 나온다.

그의 머리털이 밀린 후에 다시 자라기 시작하니라(삿 16:22)

삼손의 머리털은 밀리고, 눈은 빠졌으나, 그가 옥에 있는 동안 그의 머리털이 다시 자라기 시작했다고 성경은 말한다. 머리카락 자라는 것은 당연한 일인데, 그런 것을 성경에 기록까지 할 이유가 있는가? 그 말씀을 성경에 기록하고 있는 것은 중요한 이유가 있다. 삼손의 머리카락이 자라는 것 같이 삼손과 하나님과의 관계가 회복되고 있음을 보여 준다. 삼손은 감옥에서 자신의 죄와 연약함을 회개하고, 하나님께 기도했던 것이다. 자신이 하나님이 주신 나실인의 은혜를 우습게 여기고 자만하다가 힘을 잃어버린 것을 회개하고 하나님의 은혜를 구할 때, 하나님은 그의 머리카락이 다시 자라게 하시고, 그의 힘을 회복시켜 주신 것이다.

우리는 예상하지 못하는 사이에 영적인 공격을 당한다. 모든 것이 잘 되어가고, 모든 것이 평화로운 순간에도 영적 공격을 당할 수 있다는 사실을 잊지 말아야 한다. 삼손은 자신의 힘만을 믿고 살다가 결국 믿었던 사람의 배신을 통하여 무방비로 당했다. 그래서 우리도 영적으로 항상 깨어 있어야 한다. 늘 기도와 말씀으로 무장해야 한다. 우리는 마음을 지켜야 한다. 우리가 죄 가운데 있을 때 회개하고 전적으로 하나님을 의지해야 한다. 하나님과의 언약을 잊지 말고, 하나님을 의지하고 살아가자.

오늘의 묵상 포인트

- 나는 항상 영적으로 깨어 있는가? 매일 말씀을 묵상하고 기도하고 있는가?
- 나는 다가오는 유혹에서 마음을 지키고 있는가?
- 나는 회개할 때 하나님이 주시는 회복의 은혜를 경험한 적이 있는가?

제 7 장

성경의 핵심 묵상: 룻

룻 이야기 1
: 하나님께 돌아가자

룻 1:1~5

[1] 사사들이 치리하던 때에 그 땅에 흉년이 드니라 유다 베들레헴에 한 사람이 그의 아내와 두 아들을 데리고 모압 지방에 가서 거류하였는데 [2] 그 사람의 이름은 엘리멜렉이요 그의 아내의 이름은 나오미요 그의 두 아들의 이름은 말론과 기룐이니 유다 베들레헴 에브랏 사람들이더라 그들이 모압 지방에 들어가서 거기 살더니 [3] 나오미의 남편 엘리멜렉이 죽고 나오미와 그의 두 아들이 남았으며 [4] 그들은 모압 여자 중에서 그들의 아내를 맞이하였는데 하나의 이름은 오르바요 하나의 이름은 룻이더라 그들이 거기에 거주한 지 십 년쯤에 [5] 말론과 기룐 두 사람이 다 죽고 그 여인은 두 아들과 남편의 뒤에 남았더라(룻 1:1~5)

구약 성경의 사사기가 사사들이 등장하는 시기의 국가적인 이야기를 다루고 있다면, 룻기는 사사들의 시기에 흉년을 만나서 모압으로 이사를 했다가 더 큰 인생의 흉년을 만나 베들레헴으로 돌아온 나오미의 가정의 이야기를 다루고 있다.

성경 중에 이렇게 개인과 한 가정의 이야기를 기록하고 있다는 것은 놀라운 일이다. 어떻게 한 가정의 이야기가 성경에 들어가 있는 것일까? 그 이유는 룻기는 시어머니 나오미와 이방 여인인 며느리 룻을 통하여 인류 구원의 길을 만들어 가고 계시는 하나님의 은혜를 보여 주고 있기 때문이다. 룻기를 통하여 우리에게 주시는 교훈은 무엇일까?

첫째로, 누구나 인생에 흉년이 다가올 수 있다.

사사들이 치리하던 때에 그 땅에 흉년이 드니라 유다 베들레헴에 한 사람이 그의 아내와 두 아들을 데리고 모압 지방에 가서 거류하였는데(룻 1:1)

본문에 보면 베들레헴에 흉년이 들었다고 말한다. 구약 성경에 보면 흉년은 하나님이 이스라엘 백성들에게 보내는 신호이다. 이스라엘 백성들에게 있어서 흉년은 늦은 비, 이른 비가 내리지 않고, 이슬이 내리지 않아서 농사가 잘 안 된다는 의미만이 아니라, 이스라엘 백성들이 죄를 범하여 하나님과의 관계에서 문제가 생겼다는 신호이다. 흉년은 이스라엘 백성들이 하나님께 돌아와 기도할 때요, 하나님께 회개할 때이다. 사사 시대는 이스라엘 백성들이 자주 하나님께 악을 행하여, 우상을 숭배하며 살았던 시기이다. 하나님은 이스라엘 백성들을 죄악과 우상 숭배에서 돌아오게 하기 위해서 이스라엘 백성들을 다른 민족의 손에 내어 주거나 가나안 땅에 흉년이 들게 하시는 것을 볼 수 있다.

하나님은 고난을 통하여 이스라엘 백성들이 하나님께 회개하고 돌아오기를 기다리셨다. 이스라엘 백성들이 고난 가운데서 회개하고 하나님께 돌아올 때 하나님은 사사들을 세워서 이방 민족을 쫓아내게 하시고, 다시 이스라엘에 평화를 주신다는 것이 사사기의 이야기이다. 그러나 이스라엘 백성들은 평화의 시기가 지나고 나면 하나님을 잊어버리고, 또다시 죄악을 행하고, 자기 뜻대로 우상을 숭배하며 살았다. 그러면 또다시 이방 민족이 쳐들어오고, 이스라엘에는 흉년이 다가왔다. 오늘 우리도 인생을 살아가면서 인생의 흉년이 다가오고, 문제가 다가올 때가 있다. 우리는 그때가 우리의 죄악을 회개하고, 하나님께 돌이켜 하나님과의 관계를 회복할 때라는 것을 알아야 한다.

둘째로, 흉년을 만날 때가 하나님께 돌아갈 때이다.

사람들은 흉년을 만나면 하나님께 나아가 회개하고 기도하거나, 흉년을 피하여 흉년이 없는 곳으로 도망가는 선택을 한다. 성경에 보면 대부분의 이스라엘 백성들은 회개하고 하나님을 의지하는 것이 아니라, 흉년을 피하여 도망간 것을 볼 수 있다. 오늘 룻기의 엘리멜렉도 아내 나오미와 두 아들을 데리고 흉년을 피하여 모압으로 내려갔다. 창세기에 보면 아브라함도 흉년을 만나자 애굽으로 내려갔다.

우리는 우리에게 인생의 흉년이 다가올 때 단순히 흉년을 피하여 도망가는 것이 아니라, 그때가 하나님께 회개하고 돌아갈 때라는 것을 알고, 하나님께 돌아가야 한다. 결국 흉년을 피하여 모압으로 내려갔다가 어떤 이유인지 성경은 자세히 이야기하고 있지 않지만, 나오미의 남편 엘리멜렉도 세상을 떠나고, 두 아들도 세상을 떠났다. 단순히 흉년만 피하여 도망가면 될 줄 알았는데, 도망간 곳에서는 더 큰 인생의 흉년이 기다리고 있었던 것이다. 오늘 우리는 문제를 만날 때, 그때가 자신의 삶을 돌아보고, 하나님을 의지하고, 하나님께 돌이킬 때라는 사실을 알아야 한다. 하나님께 회개하고 돌아올 때 하나님은 우리의 삶에 다가온 인생의 흉년의 해결책을 주시고, 살길을 열어 주시는 것이다. 성경은 하나님이 우리의 인도자가 되시고, 왕이 되시고, 우리를 도와주신다고 고백한다. 우리의 삶의 문제가 다가올 때, 그때가 하나님을 인정하고, 하나님께 돌이킬 때라는 사실을 잊지 말아야 한다.

셋째로, 하나님께 돌아갈 때 하나님은 길을 열어 주신다.

그 여인이 모압 지방에서 여호와께서 자기 백성을 돌보시사 남편과 두 아들을 잃은 나오미는 두 아들이 모압에서 결혼한 모압 여인 오르바와 룻과 함께 남았다. 나오미는 앞으로 살길이 막막했다. 그때 나오미는 베들레헴에서 온 소식을 듣게 되었다. 하나님이 '그의 백성들을 돌보시사 그들에게 양식을 주셨다'는 것이다. 여기서 우리가 주목해야 할 부분은 단순히 이스라엘에서 농사가 잘되었다는 이야기가 아니라, 하나님이 이스라엘 백성들을 돌보시사 그들에게 양식을 주셨다는 사실이다. 이스라엘 백성들이 회개하고 우상을 제하여 버리고, 하나님께 돌아올 때 이방 민족의 손에서 그들을 건져 주시고, 흉년이 떠나게 하시고, 양식을 주셨다는 점이다.

나오미는 인생의 흉년을 만나면서, 베들레헴에서 흉년을 피하여 모압으로 내려온 것이 얼마나 어리석은 생각이었는지를 깨닫게 되었다. 그리고 자신이 살길은 이제 하나님의 집으로 돌아가는 것밖에 없다는 것을 알게 되었다. 이제는 남편도 아들들도 없는 이방 땅에서 그녀가 할 수 있는 것은 아무것도 없었다. 그래서 나오미는 하나님의 땅으로 돌아가 믿음으로 살기로 결단했다. 또한, 나오미는 베들레헴으로 돌아가기 전에 먼저 며느리들에게 자유를 주기로 결단했다. 이방인 며느리들이 이스라엘까지 가서 고생할 이유가 없었기 때문이다. 그들은 모압에 남아서 새로운 삶을 살 수 있었다. 그것이 나오미가 두 며느리에게 줄 수 있는 유일한 선물이었다.

나오미가 두 며느리에게 이르되 너희는 각기 너희 어머니의 집으로 돌아가라 너희가 죽은 자들과 나를 선대한 것 같이 여호와께서 너희를 선대하시기를 원하며(룻 1:8)

이런 결단을 내리는 것은 쉬운 일이 아니었을 것이다. 나오미도 베들레헴으로 돌아가면 앞으로 어떻게 살아야 할지 막막했기 때문이다. 자신만 생각한다면, 두 며느리가 자신을 따라와서 자신의 노년의 삶을 돕는 것이 현실적으로는 더 좋은 생각이었을 것이다. 그러나 나오미는 하나님이 자신을 돌보아 주실 것을 믿고, 두 며느리에게 각자의 집으로 돌아갈 것을 권했다. 이제는 살든지 죽든지, 흥하든지 쇠하든지, 모든 것을 하나님께 맡기고 믿음으로 살기로 결단한 것이다. 그러자 놀라운 일이 일어났다. 며느리 중의 하나인 룻은 자신이 시어머니를 봉양하겠다고 나선 것이다. 우리가 마음을 돌이켜 하나님께로 돌아올 때, 우리는 예상치 못하는 하나님의 은혜를 만나게 된다.

우리는 문제를 만나고 인생의 흉년을 만날 때 하나님께 돌아가야 한다. 하나님께 회개하고, 하나님을 더욱 의지하는 믿음으로 살아야 한다. 그럴 때 하나님은 우리가 예상하지 못하는 놀라운 길을 열어주시고, 은혜를 베풀어 주신다.

롯 이야기 2
: 고난 가운데서도 은혜를 예비하시는 하나님

롯 1:19~22

[19] 이에 그 두 사람이 베들레헴까지 갔더라 베들레헴에 이를 때에 온 성읍이 그들로 말미암아 떠들며 이르기를 이이가 나오미냐 하는지라 [20] 나오미가 그들에게 이르되 나를 나오미라 부르지 말고 나를 마라라 부르라 이는 전능자가 나를 심히 괴롭게 하셨음이니라 [21] 내가 풍족하게 나갔더니 여호와께서 내게 비어 돌아오게 하셨느니라 여호와께서 나를 징벌하셨고 전능자가 나를 괴롭게 하셨거늘 너희가 어찌 나를 나오미라 부르느냐 하니라 [22] 나오미가 모압 지방에서 그의 며느리 모압 여인 룻과 함께 돌아왔는데 그들이 보리 추수 시작할 때에 베들레헴에 이르렀더라 (룻 1:19~22)

우리는 인생을 살아가면서 때로 고난과 문제를 만날 때가 있다. 우리가 하나님을 의지하고 살기보다는 세상에 의지하고, 내 뜻대로 인본주의로 살아갈 때 우리의 삶에서 그런 고난과 문제를 만날 때가 있다. 환난과 문제는 하나님이 우리를 부르시는 확

성기이다. 우리가 문제의 자리에서 돌이켜 하나님께 나오라는 신호이다. 그러나 많은 사람이 환난과 문제 속에서 우리를 부르시는 하나님의 음성을 듣지 못하여 계속해서 고난 속에 빠져서 살아가는 것을 보게 된다. 나오미는 고난을 통하여 자신에게 말씀하시는 하나님의 음성을 듣게 되었다. 그리고 돌이켜 하나님께로 돌아왔다. 오늘 본문의 말씀을 통하여 우리에게 주시는 교훈은 무엇일까?

첫째로, 하나님을 떠난 인생은 고난을 만나게 된다.

> 나오미가 그들에게 이르되 나를 나오미라 칭하지 말고 마라라 칭하라 이는 전능자가 나를 심히 괴롭게 하셨음이니라(룻 1:20)

나오미는 모압에서 며느리 룻과 돌아오면서 베들레헴에서 자신을 나오미라 부르는 사람들에게 자신을 나오미라 부르지 말고 '마라'라고 불러 달라고 말한다. 나오미는 '나의 기뻐하는 자'라는 뜻을 가지고 있다. 반면에 마라는 '쓰다'라는 뜻이다. 자신이 과거에는 기쁨의 인생을 살았으나, 이제는 쓰디쓴 고통의 인생이 되었다고 고백하는 것이다. 왜 나오미의 인생이 기쁨의 인생에서 쓴 인생이 되었나? 그것은 나오미의 가족들이 하나님을 떠나 모압으로 갔기 때문이다. 우리는 단순히 문제를 피하고, 흉년을 피하여 도망가는 것이 문제의 해결책이 아니라는 것을 알아야 한다. 어려움을 만날수록, 흉년을 만날수록 더욱 하나님을 의지하고, 하나님께 나아가 회개하고, 하나님의 은혜를 구하고 하나님께 돌이켜야 한다.

룻기 1장 20절에 보면, 나오미는 전능자가 자신을 심히 괴롭게 하였다고 말했다. 여기서 전능자란 전능하여 우리의 모든 필요를 채우시는 능력의 하나님을 말한다. 이러한 능력의 하나님이 자신을 괴롭게 하였다는 것이다. 하나님이 왜 그의 백성을 괴롭게 하실까? 그것은 그들에게 회개할 기회를 주시는 것이다. 돌아오라는 것이다. 오늘 우리도 인생을 살아가면서 인생의 흉년을 만나고, 고난을 만날 때가 있다. 그때 하나님의 음성을 들어야 한다. 그때 우리는 하나님과 어떤 관계 속에 있는지 살펴보아야 한다. 고난 가운데 하나님께 돌아오면 하나님은 길을 열어 주신다.

> 하나님은 우리의 피난처시요 힘이시니 환난 중에 만날 큰 도움이시라(시 46:1)

> 환난 날에 나를 부르라 내가 너를 건지리니 네가 나를 영화롭게 하리로다(시 50:15)

둘째로, 하나님을 떠나면 풍족했던 사람도 비어 돌아오게 된다.

> 내가 풍족하게 나갔더니 여호와께서 나로 비어 돌아오게 하
> 셨느니라 여호와께서 나를 징벌하셨고 전능자가 나를 괴롭
> 게 하셨거늘 너희가 어찌 나를 나오미라 칭하느뇨 하니라 (룻
> 1:21)

나오미는 모압으로 이사를 할 때 베들레헴의 집과 땅을 정리하여 남편과 아들들과 함께 정리한 재산을 가지고 모압으로 갔다. 그러나 모압에서 돌아올 때는 하나님께서 빈손으로 돌아오게 하셨다고 고백한다. 또한 전능자가 나를 징벌하셨다고 고백하였다. 사람들은 자신이 똑똑하고 수완이 좋아서 풍족하게 사는 줄 안다. 그렇지 않다. 우리의 풍족함을 하나님이 거두어 가시면 우리는 아무것도 남는 것이 없어서, 빈손으로 살 수밖에 없다.

하나님은 하나님의 자녀들이 복을 받고, 풍성한 삶을 살기를 원하신다. 그러나 사람들이 그러한 풍성한 삶을 살지 못하고 고난 가운데 살아가고 있는 이유는 하나님을 떠나 빈손이 되었기 때문이다. 하나님을 떠난 인생은 풍성한 것 같으나, 결국 그의 삶에는 곤고함이 다가온다는 것을 잊지 말아야 한다. 하나님께 돌아와 순종하고 하나님을 의지하고 살면 하나님은 복을 주신다.

네가 네 하나님 여호와의 말씀을 순종하면 이 모든 복이 네
게 임하며 네게 미치리니(신 28:2)

네 하나님 여호와를 사랑하고 그 말씀을 순종하며 또 그에
게 부종하라 그는 네 생명이시요 네 장수시니 여호와께서 네
열조 아브라함과 이삭과 야곱에게 주리라고 맹세하신 땅에
네가 거하리라(신 30:20)

하나님을 사랑하고, 그 말씀을 순종하고 살아가는 사람에게
하나님은 놀라운 복을 주신다.

셋째로, 하나님은 고난 가운데도 은혜를 예비하고 계신다.

나오미가 모압 지방에서 그의 며느리 모압 여인 룻과 함께
돌아왔는데 그들이 보리 추수 시작할 때에 베들레헴에 이르
렀더라(룻 1:22)

나오미와 룻이 마침 베들레헴으로 돌아온 시기는 보리 추수
를 시작할 때이다. 성경에는 과부, 고아들은 추수하는 밭에 나가
서 떨어진 곡식을 주워서 연명할 수 있도록 명령하고 있다.

네가 밭에서 곡식을 벨 때에 그 한 뭇을 밭에 잊어버렸거든

다시 가서 가져오지 말고 나그네와 고아와 과부를 위하여 남
겨두라 그리하면 네 하나님 여호와께서 네 손으로 하는 모
든 일에 복을 내리시리라(신 24:19)

네가 네 포도원의 포도를 딴 후에 그 남은 것을 다시 따지 말
고 객과 고아와 과부를 위하여 남겨두라(신 24:21)

나오미와 룻이 돌아온 때는 마침 보리 추수기여서 그들이 먹
고살 수 있는 길이 열렸다. 하나님은 나오미와 룻이 살 수 있는
길을 예비해 두셨던 것이다. 하나님은 그들에게 가장 적당한 시
기에 돌아오게 하신 것이다. 사람들은 이것을 우연이라고 말할
수 있다. 그러나 실은 하나님의 시계는 정확히 움직이고 있다.
우리는 살아가면서 삶 가운데서 모든 것이 우연히 이루어지는
것 같이 느낄 때가 많다. 내가 예수를 믿은 것도, 내가 지금 하
는 일도, 내가 사는 곳도 모두 우연의 산물 같다. 그러나 우연이
란 없다. 하나님의 인도하심과 섭리하심이 우리의 삶의 배후에
있음을 알아야 한다. 하나님은 오늘도 우리의 삶 가운데, 가장
정확한 하나님의 때를 맞추어 인도하신다.

하나님이 예수님을 가나의 혼인 잔치에 참석하시게 한 이유가
있었다. 그것은 가나의 혼인 잔치에 포도주가 떨어졌을 때 그곳
에서 예수님으로 하여금 낭패에서 기쁨으로 바꾸어 주시기 위
해서였다. 예수님이 가나의 혼인 잔치에 참석하셨던 것은 우연

이 아니었다. 오늘도 우리가 하나님을 의지하고 살아갈 때, 하나
님은 우리가 필요한 모든 것을 예비해 주신다. 우리가 문제를 만
나 당황하고 있을 때, 그 자리에 하나님이 같이 계신다.

우리는 인생을 살아가면서 자신도 모르게 하나님을 떠나 인
본주의로 살아갈 때가 있다. 그러나 하나님을 떠난 인생은 결국
빈손으로 돌아오게 된다는 사실을 잊지 말아야 한다. 항상 하나
님을 의지하는 삶을 살아서 은혜가 풍성한 삶을 살자.

오늘의 묵상 포인트

- 나는 고난을 만날 때 그 고난의 원인이 무엇이라고 생각하는가?
- 나는 오늘까지 이룬 모든 것이 누구의 힘으로 되었다고 생각하나?
- 고난 가운데 있었지만, 하나님의 은혜로 회복되었던 것이 무엇이 있
  나?

룻 이야기 3
: 기대하는 사람에게 은혜를 주시는 하나님

룻 2:1~7

[1] 나오미의 남편 엘리멜렉의 친족으로 유력한 자가 있으니 그의 이름은 보아스더라 [2] 모압 여인 룻이 나오미에게 이르되 원하건대 내가 밭으로 가서 내가 누구에게 은혜를 입으면 그를 따라서 이삭을 줍겠나이다 하니 나오미가 그에게 이르되 내 딸아 갈지어다 하매 [3] 룻이 가서 베는 자를 따라 밭에서 이삭을 줍는데 우연히 엘리멜렉의 친족 보아스에게 속한 밭에 이르렀더라 [4] 마침 보아스가 베들레헴에서부터 와서 베는 자들에게 이르되 여호와께서 너희와 함께하시기를 원하노라 하니 그들이 대답하되 여호와께서 당신에게 복 주시기를 원하나이다 하니라 [5] 보아스가 베는 자들을 거느린 사환에게 이르되 이는 누구의 소녀냐 하니 [6] 베는 자를 거느린 사환이 대답하여 이르되 이는 나오미와 함께 모압 지방에서 돌아온 모압 소녀인데 [7] 그의 말이 나로 베는 자를 따라 단 사이에서 이삭을 줍게 하소서 하였고 아침부터 와서는 잠시 집에서 쉰 외에 지금까지 계속하는 중이니이다 (룻 2:1~7)

베들레헴을 떠났던 나오미는 고난 속에서 베들레헴으로 돌아왔다. 나오미는 하나님 외에는 누구도 의지할 수 있는 사람이 없었다. 그런데 하나님은 나오미가 하나님을 의지하고 믿음으로 돌아왔을 때 나오미가 알지 못하는 길을 예비하고 계셨다.

> 나오미의 남편 엘리멜렉의 친족으로 유력한 자가 있으니 그의 이름은 보아스더라(룻 2:1)

나오미가 베들레헴에 돌아오니, 하나님은 보아스를 예비하여 나오미를 도와주시고, 나오미에게 살길을 열어 주셨다. 오늘 본문을 통하여 우리에게 주시는 교훈은 무엇일까?

첫째로, 하나님을 기대하고 살라.

룻은 베들레헴에 돌아와서 시어머니와 자신이 살기 위해서 살아갈 길을 찾아야 했다. 룻은 당시가 보리 추수 시기이기 때문에 밭에 나가서 이삭줍기를 해야겠다고 생각하고 시어머니 나오미에게 허락을 구했다.

> 모압 여인 룻이 나오미에게 이르되 원하건대 내가 밭으로 가서 내가 누구에게 은혜를 입으면 그를 따라서 이삭을 줍겠나이다 하니 나오미가 그에게 이르되 내 딸이 갈지어다 하매(룻 2:2)

룻은 베들레헴이라는 낯선 땅에서 어디에 가서 이삭을 주워야 할지 몰랐다. 그래서 나오미에게 먼저 물었다. 내가 밭으로 가서 내가 누구에게 은혜를 입으면 그곳으로 가서 이삭을 줍겠다고 했다. 시어머니인 나오미는 그것이 좋겠다고 대답했다. 룻은 이방 여인이었지만, 시어머니 나오미를 통하여 하나님을 믿었다. 룻은 자신의 삶 가운데 하나님이 함께하시고, 그에게 은혜를 베풀어 주실 것을 믿고 기대했다. 룻의 고백을 들어보면, 자신이 밭으로 나가면 누군가 자신을 도와주는 사람이 있을 것이며, 그 사람을 따라서 이삭을 주울 수 있을 것으로 기대하고 있었다.

우리는 하나님의 은혜를 기대해야 한다. 우리가 어려움 가운데 있을 때 하나님을 의지하고, 하나님께 구하며 살아갈 때 하나님은 우리에게 사람들을 보내 주시고, 그들을 통하여 은혜를 베풀어 주신다.

둘째로, 하나님은 최선을 다하여 헌신하는 사람에게 길을 열어 주신다.

> 그의 말이 나로 베는 자를 따라 단 사이에서 이삭을 줍게 하소서 하였고 아침부터 와서는 잠시 집에서 쉰 외에 지금까지 계속하는 중이니이다 (룻 2:7)

보아스가 와서 보니 알지 못하던 이방 여인이 와서 자신의 밭에서 열심히 이삭을 줍는 것을 보게 되었다. 그는 궁금하여 그 여인이 누구인지 사환에게 물었다. 사환은 그 여인이 나오미의 며느리인 룻이며, 아침부터 지금까지 이삭을 줍고 있다고 이야기했다. 보아스는 룻의 헌신에 감동했다. 보아스는 이미 나오미가 베들레헴에 돌아왔으며 그의 이방인 며느리 룻과 함께 왔다는 소문을 들어서 알고 있었다. 룻이 다른 사람의 밭이 아닌, 자신의 밭에 와서 시어머니를 봉양하기 위하여 이삭을 줍고 있는 것을 보고 놀랐을 것이다. 보아스는 시어머니를 봉양하기 위해 애쓰는 룻이 한편으로는 대견하고, 한편으로는 불쌍하다는 생각이 들었을 것이다. 그래서 룻을 도와주어야겠다는 마음이 생겼을 것이다. 하나님은 하나님을 의지하며, 최선을 다하는 사람들에게 돕는 사람을 보내 주신다.

> 룻이 가서 베는 자를 따라 밭에서 이삭을 줍는데 우연히 엘리멜렉의 친족 보아스에게 속한 밭에 이르렀더라(룻 2:3)

룻이 보아스를 우연히 만난 것 같으나, 그것은 하나님이 예비하신 축복의 방법이다. 룻은 우연히 보아스의 밭에 간 것 같지만, 하나님은 시어머니를 돕기 위하여 애쓰고 있는 룻의 믿음을 보시고 룻에게 은혜를 베풀어 주셔서 보아스의 밭으로 가게 하신 것이다. 하나님은 우리가 하나님을 의지하고 삶의 현장에서 최선을 다할 때 우연이라는 이름으로 우리의 길을 인도해 주시고 만날 사람들을 만나게 해 주신다.

누가복음 5장에 보면, 베드로는 밤이 새도록 고기를 잡으려고 그물을 던졌으나, 한 마리의 고기도 잡지 못했다. 절망하던 베드로는 갈릴리 바다를 지나가시던 예수님을 만나게 되었고, 예수님은 베드로의 배에서 말씀을 전하게 되었다. 이 만남을 통하여 베드로는 예수님의 제자가 되게 되었고, 그는 물고기를 낚는 어부가 아니라 사람을 낚는 어부가 되었다. 모든 것이 우연으로 보이지만, 하나님은 우연이라는 이름으로 오늘도 우리의 삶을 인도해 주신다.

셋째로, 인생은 심은 대로 거둔다.

룻이 하나님을 믿고, 시어머니를 봉양하며 헌신하는 삶을 살았을 때 하나님은 그에게 심은 대로 거두게 하셨다. 하나님은 자연 속에 심고 거둠의 법칙을 만들어 두셨다. 농부는 씨앗을 뿌리면 반드시 때가 되면 열매를 맺어 추수하게 된다는 사실을 알고 있다. 그래서 늘 씨앗을 심고, 추수하는 것이다.

> 보아스가 그에게 대답하여 이르되 네 남편이 죽은 후로 네가 시어머니에게 행한 모든 것과 네 부모와 고국을 떠나 전에 알지 못하던 백성에게로 온 일이 내게 분명히 알려졌느니

라(룻 2:11)

보아스가 룻을 도와서 그에게 은혜를 베풀어 주기를 원한 것은 룻이 시어머니에게 심었던 헌신의 씨앗이 맺은 열매였다. 이방 여인으로서 시어머니를 위하여 헌신하는 룻을 하나님은 주목하고 계셨다. 그리고 그가 심은 사랑, 그가 심은 헌신, 그가 심은 배려를 기억하고 계셨다. 하나님은 보아스를 통하여 룻에게 상을 베풀어 주셨다.

> 여호와께서 네가 행한 일에 보답하시기를 원하며 이스라엘의 하나님 여호와께서 그의 날개 아래에 보호를 받으러 온 네게 온전한 상 주시기를 원하노라 하는지라(룻 2:12)

하나님은 우리가 심은 대로 보답해 주시고, 하나님께 피하는 사람에게 길을 열어 주시고, 상을 베풀어 주신다. 오늘 우리는 무엇을 심고 있는가? 룻이 시어머니 나오미에게 헌신과 사랑을 심어 하나님의 은혜를 받은 것처럼, 우리도 사랑을 심고 헌신을 심고 살아가자. 예수님은 우리에게 "오 리를 가자는 사람에게 십 리를 가 주어라."라고 말씀하신다. 힘에 넘치는 헌신과 사랑은 우리의 삶에 기적의 열매를 가져오게 한다. 오늘 우리도 하나님의 날개 아래로 피하자. 주의 날개 아래로 피하는 사람에게는 하나님이 도와주시고 길을 열어 주신다. 믿음으로 하나님을 의지하여 승리의 삶을 살자.

오늘도 하나님은 하나님을 기대하는 사람에게 복을 주신다. 하나님은 최선을 다하는 사람에게 길을 열어 주시고, 헌신을 심고 살아가는 사람에게 복을 주신다. 우리도 매일 연약한 사람들에게 사랑과 헌신을 심고 살아가자.

오늘의 묵상 포인트

- 나는 매일 하나님을 기대하며 살아가고 있는가?
- 나는 헌신할 기회가 왔을 때 최선을 다하여 헌신하고 있는가?
- 나에게 다가온 우연의 결과가 정말 우연이라고 생각하는가?

룻 이야기 4
: 안식을 주시는 하나님

룻 3:1~10

[1] 룻의 시어머니 나오미가 그에게 이르되 내 딸아 내가 너를 위하여 안식할 곳을 구하여 너를 복되게 하여야 하지 않겠느냐 [2] 네가 함께하던 하녀들을 둔 보아스는 우리의 친족이 아니냐 보라 그가 오늘 밤에 타작마당에서 보리를 까불리라 [3] 그런즉 너는 목욕하고 기름을 바르고 의복을 입고 타작마당에 내려가서 그 사람이 먹고 마시기를 다 하기까지는 그에게 보이지 말고 [4] 그가 누울 때에 너는 그가 눕는 곳을 알았다가 들어가서 그의 발치 이불을 들고 거기 누우라 그가 네 할 일을 네게 알게 하리라 하니 [5] 룻이 시어머니에게 이르되 어머니의 말씀대로 내가 다 행하리이다 하니라 [6] 그가 타작마당으로 내려가서 시어머니의 명령대로 다 하니라 [7] 보아스가 먹고 마시고 마음이 즐거워 가서 곡식 단 더미의 끝에 눕는지라 룻이 가만히 가서 그의 발치 이불을 들고 거기 누웠더라 [8] 밤중에 그가 놀라 몸을 돌이켜 본즉 한 여인이 자기 발치에 누워 있는지라 [9] 이르되 네가

누구냐 하니 대답하되 나는 당신의 여종 룻이오니 당신의 옷자락을 펴 당신의 여종을 덮으소서 이는 당신이 기업을 무를 자가 됨이니이다 하니 [10] 그가 이르되 내 딸아 여호와께서 네게 복 주시기를 원하노라 네가 가난하건 부하건 젊은 자를 따르지 아니하였으니 네가 베푼 인애가 처음보다 나중이 더하도다(룻 3:1~10)

우리는 인생을 살아가면서 예상치 못하는 역경과 고난을 겪게 된다. 그러나 그런 고난과 역경은 아무런 의미 없는 고난이 아니라, 그것을 통하여 우리의 삶을 되돌아보고, 하나님께 돌이키게 하는 역경과 고난인 경우가 많다. 하나님은 고난을 통하여 우리를 부르시고, 우리에게 예비하신 은혜를 베풀어 주시기 때문이다. 룻기는 단순히 모압 여인 룻이 인생의 고난 속에서 보아스를 만나서 그의 삶의 문제가 해결되었다는 이야기보다 더 깊은 의미를 담고 있다. 룻기를 통하여 우리에게 주시는 교훈의 말씀은 무엇인가?

첫째로, 하나님은 우리에게 안식을 주시기를 원하신다.

룻의 시어머니 나오미가 그에게 이르되 내 딸아 내가 너를 위하여 안식할 곳을 구하여 너를 복되게 하여야 하지 않겠느냐(룻 3:1)

나오미는 자신에게 그토록 희생하는 며느리에게 하나님이 안식의 복을 주시기를 원했다. 룻에게 안식을 준다는 것은 룻이 좋은 사람을 만나 평안하게 살 수 있는 길을 열어주는 것을 의미한다. 나오미는 룻에게 잘해주고 있는 보아스를 염두에 두고 말했다. 나오미는 보아스가 룻을 불쌍히 여긴다는 것을 알게 되었다. 룻이 보아스의 밭에 이삭을 주우러 가면 룻에게 일부러 더 많은 이삭을 떨어뜨려 주어 많은 이삭을 주울 수 있도록 하는 보아스의 마음을 알게 된 것이다. 나오미는 하나님이 보아스를 통하여 길을 예비하고 계심을 믿었다. 왜 하나님은 보아스와 룻을 만나게 하시는 것일까? 그것은 단순히 룻이 보아스를 만나서 안식을 얻게 될 뿐만 아니라, 보아스가 다윗 왕의 가문으로서 예수 그리스도의 조상이 되는 놀라운 하나님의 은혜를 예비하고 계심을 보여 주는 것이다. 이방 여인으로서 보아스와 만나 결혼을 하게 하고, 그 후손을 통하여 예수 그리스도 탄생의 영광스러운 사명을 감당하게 하셨다.

둘째로, 은혜를 기대하고 하나님께 나아가라.

[3] 그런즉 너는 목욕하고 기름을 바르고 의복을 입고 타작마당에 내려가서 그 사람이 먹고 마시기를 다 하기까지는 그에게 보이지 말고 [4] 그가 누울 때에 너는 그가 눕는 곳을 알았다가 들어가서 그의 발치 이불을 들고 거기 누우라 그

가 네 할 일을 네게 알게 하리라 하니(룻 3:3~4)

나오미는 룻에게 목욕을 하고 기름을 바르고 의복을 입고 보아스에게 나아가라고 말한다. 오늘 룻이 보아스를 만나기 위해서 준비하는 모습은 마치 기름 준비를 하고 신랑을 기다리는 슬기로운 다섯 처녀를 연상하게 한다. 룻이 보아스에게 은혜를 기대하고, 나갈 때 하나님은 룻에게 은혜를 베풀어 주셨다. 오늘 우리도 인생을 살아가면서 어려움을 만나지만, 예수님께 나가면 예수님은 길을 열어 주신다. 예수님께 믿음으로 나가는 사람에게 예수님은 그를 빈손으로 돌려보내지 않으신다. 룻이 보아스에게 나가 자신의 기업을 무를 자로서 자신을 보호해 줄 것을 요청하자. 보아스는 룻의 겉옷에 보리 여섯 되를 되어 주었다. 보아스가 룻의 청을 거절하지 않고 여전히 호의를 가지고 있음을 보여 주는 것이다.

보아스가 가로되 네 겉옷을 가져다가 펴서 잡으라 펴서 잡으니 보리를 여섯 번 되어 룻에게 이워 주고 성으로 들어가니라(룻 3:15)

하나님은 은혜를 사모하며 나오는 사람에게 상급을 베풀어 주신다.

[4] 내 안에 거하라 나도 너희 안에 거하리라 가지가 포도나무에 붙어 있지 아니하면 절로 과실을 맺을 수 없음과 같이 너희도 내 안에 있지 아니하면 그러하리라 [5] 나는 포도나무요 너희는 가지니 저가 내 안에, 내가 저 안에 있으면 이 사람은 과실을 많이 맺나니 나를 떠나서는 너희가 아무것도 할 수 없음이라(요 15:4~5)

우리가 예수님께 나아올 때 예수님은 우리에게 놀라운 열매를 상급으로 주신다. 예수 그리스도와 연합하여 말씀대로 살며 구할 때 응답을 주신다.

셋째로, 매일 진실하게 살자.

가로되 내 딸아 여호와께서 네게 복 주시기를 원하노라 네가 빈부를 막론하고 연소한 자를 좇지 아니하였으니 너의 베푼 인애가 처음보다 나중이 더하도다(룻 3:10)

보아스가 감동을 받은 것은 룻의 진실함에 있었다. 시어머니를 봉양하기 위하여 모압에서 이곳까지 왔으며, 자신보다 젊은 사람들도 많을 것인데, 자신을 선택한 것에서 룻의 진실성을 볼 수 있었다.

하나님은 진실한 사람을 보호하신다. 룻이 하나님과 사람 앞
에서 진실하게 살았고, 보아스에게도 진실하게 대했기 때문에
하나님은 룻에게 은혜로 갚아 주셨다.

하나님은 하나님께 진실하게 간구하는 사람을 가까이하시고,
그의 간구에 응답해 주신다. 히스기야는 병들어 죽게 되었을 때
에 그는 하나님께 나아가 자신이 진실하게 하나님께 행했다고
울며 고백했다.

하나님은 히스기야의 진실한 삶을 기억하셨다. 그의 간구를
들으셨다. 그래서 그의 기도대로 수명을 연장시켜 주셨다. 하나

님은 진실한 사람을 기억하신다. 그에게 은혜를 베풀어 주신다. 룻이 보아스에게 진실하게 하여 은혜를 입은 것처럼, 우리도 진실하게 살아가자.

우리는 인생을 살아가면서 고난을 만난다. 그러나 하나님은 우리에게 안식 주시기를 원하신다. 하나님이 주시는 안식 가운데서 날마다 은혜를 기대하며 살아가자. 매일 진실하게 살아서 하나님이 주시는 복을 받고 살아가자.

오늘의 묵상 포인트

- 나는 고난 가운데에도 하나님이 은혜를 예비하셨음을 깨달은 적이 있는가?
- 하나님이 내게 왜 은혜를 베풀어 주셨다고 생각하는가?
- 나는 매일 진실하게 살고 있는가?

룻 이야기 5
: 회복을 주시는 하나님

룻 4:1~6

[1] 보아스가 성문으로 올라가서 거기 앉아 있더니 마침 보아스가 말하던 기업 무를 자가 지나가는지라 보아스가 그에게 이르되 아무개여 이리로 와서 앉으라 하니 그가 와서 앉으매 [2] 보아스가 그 성읍 장로 열 명을 청하여 이르되 당신들은 여기 앉으라 하니 그들이 앉으매 [3] 보아스가 그 기업 무를 자에게 이르되 모압 지방에서 돌아온 나오미가 우리 형제 엘리멜렉의 소유지를 팔려 하므로 [4] 내가 여기 앉은 이들과 내 백성의 장로들 앞에서 그것을 사라고 네게 말하여 알게 하려 하였노라 만일 네가 무르려면 무르려니와 만일 네가 무르지 아니하려거든 내게 고하여 알게 하라 네 다음은 나요 그 외에는 무를 자가 없느니라 하니 그가 이르되 내가 무르리라 하는지라 [5] 보아스가 이르되 네가 나오미의 손에서 그 밭을 사는 날에 곧 죽은 자의 아내 모압 여인 룻에게서 사서 그 죽은 자의 기업을 그의 이름으로 세워야 할지니라 하니 [6] 그 기업 무를 자가 이르되 나는 내 기업에

손해가 있을까 하여 나를 위하여 무르지 못하노니 내가 무를 것을 네가 무르라 나는 무르지 못하겠노라 하는지라(룻 4:1~6)

하나님은 우리가 하나님께 돌아올 때 우리가 잃어버린 모든 것을 회복시켜 주신다. 아담과 하와의 범죄로 말미암아 인류는 구원을 잃어버리고 천국을 잃어버렸다. 그러나 우리가 하나님께 돌아올 때 하나님은 예수님의 십자가의 공로로 우리에게 영생을 주시고, 영원한 천국을 돌려주신다. 나오미는 모압으로 이사를 하면서 그의 모든 집과 땅을 팔고 갔다. 나오미가 이제 베들레헴으로 돌아왔으니, 그의 기업을 대신 사서 돌려줄 사람이 있으면 나오미는 그의 잃어버린 집과 땅을 다시 회복할 수 있었다. 그것을 성경은 기업을 무른다고 말한다. 그러나 기업을 무르기는 쉬운 일이 아니다. 자신의 재물의 손해와 희생을 감수하고 대신 값을 지불해 주어야 하고, 그럴만한 능력이 있어야만 하기 때문이다. 본문의 말씀을 통하여 우리에게 주시는 교훈은 무엇일까?

첫째로, 사랑은 어떤 희생도 감당할 수 있다.

보아스가 성문으로 올라가서 거기 앉아 있더니 마침 보아스가 말하던 기업 무를 자가 지나가는지라 보아스가 그에게 이르되 베들레헴에 있는 보아스 말고 또 다른 나오미의 친척이 나오미의 재산에 대하여 기업을 무를 수 있는 일차적인 권리가 있기 때문에 보아스는 성문에서 그를 먼저 만났다. 당시에는 대부분의 법적인 공적인 일들은 성문에서 이루어졌기 때문에 보아스는 그 도시의 장로들 앞에서 기업 무르기의 일을 공적으로 처리하기를 원했다.

나오미의 기업을 무를 일차적인 권리를 가진 친족은 처음에는 나오미의 기업을 무를 것처럼 보였으나, 나오미의 기업을 무르는 순간 룻도 같이 받아들여야 하므로 그것이 그에게는 걸림돌이 되었다. 장차 룻이 자신의 집에 들어왔을 때 자신의 기업에 손해가 될 수 있다는 생각 때문이었다.

> 그 기업 무를 자가 이르되 나는 내 기업에 손해가 있을까 하여 나를 위하여 무르지 못하노니 내가 무를 것을 네가 무르라 나는 무르지 못하겠노라 하는지라(룻 4:6)

기업을 무르는 일은 희생을 각오해야만 하는 일이었다. 그 땅과 집을 되사는 것에 돈이 들어가야 하고, 그 기업에 따른 과부들을 책임져야 하므로 희생이 들어가야 했다. 그래서 결국은 그 기업 무르기의 기회가 보아스에게 넘어가게 되었다. 보아스는 그 기업을 무르기 위한 막대한 희생 앞에서 주저하지 않았다. 룻을 불쌍히 여기고, 사랑하고 있었기 때문이다. 하나님은 우리의 기업을 무르시기 위해서, 우리를 구원하시기 위해서 엄청난 희생을 지불하셨다. 하나님은 우리의 기업을 무르기 위해서 그의 사랑하는 독생자 예수님을 십자가에 내어 주셔야만 했다. 왜 그랬나? 하나님은 우리를 불쌍히 여기시고, 사랑하시기 때문이다. 우리는 보아스의 헌신적인 사랑에서 예수님의 십자가의 헌신적인 사랑을 볼 수 있다.

둘째로, 예수님은 우리의 기업을 무르셨다.

예수님은 우리를 구원하시고, 우리의 모든 기업을 물러서 우리에게 하나님이 주신 구원과 영생의 은혜를 돌려주실 수 있는 능력이 있으시다. 하나님은 이 땅에 그의 아들 예수 그리스도를 보내셔서 인간의 모든 죄와 허물을 짊어지고 십자가에 죽게 하시고, 아담과 하와가 잃어버렸던 구원의 기업을 물러 주셨다. 예수 그리스도는 우리를 위해서 기쁨으로 기업을 물러 주셨다. 그는 하나님의 아들로서 창조의 사역에 동참하셨다. 그는 능력이 있으신 분이시다. 하늘도 땅도 모두 그의 소유시다. 학개서 2장에 보면 금도 내 것이요, 은도 내 것이라고 하신 하나님의 아들이시다. 그는 놀라운 배경을 가지고 계신 분이다.

대부분의 사람은 그 사람 뒤에 누가 있는가에 따라서 그 사람을 판단한다. 예수님 뒤에는 창조주이시고, 왕이신 하나님 아버지가 계신다. 그는 자신의 몸을 내어 주어 기업을 물렀다. 예수께서 물려야 할 기업은 인류의 생명이었다. 생명은 생명으로 바꾸어야 했다. 그래서 그는 자신의 생명을 내어 주심으로써 우리의 기업을 물러 주시고 우리에게 구원의 길을 열어 주셨다.

셋째로, 하나님은 우리에게 참된 행복을 주신다.

룻기는 엘리멜렉 가족의 흉년과 죽음의 이야기로 시작하여 아름답고 행복한 결혼식의 이야기로 막을 내린다. 우리가 하나님을 떠나면 인생의 고난을 만나게 되지만, 우리가 회개하고 하나님께 돌아올 때 하나님은 우리에게 놀라운 기쁨과 행복을 돌려주시고, 은혜를 베풀어 주신다는 것이다. 시어머니를 섬기겠다는 룻의 헌신적인 결단은 룻의 운명을 바꾸어 주었다. 룻은 모압 땅에서 시어머니를 따라서 오지 않았을 수도 있다. 그러나 룻은 시어머니 나오미가 혼자 베들레헴에 돌아가는 것을 두고 볼 수 없었다.

룻은 자신이 감당하지 않아도 될 고난을 자초했다. 룻은 나오미의 하나님이 자신의 하나님이 될 것이라고 고백하며, 자신의 모든 우상 숭배를 버리고 하나님을 자신의 아버지로 섬기고, 하나님을 믿었다. 하나님은 이와 같이 사랑과 희생의 길을 선택하고, 하나님을 믿고 살기로 결단한 룻에게 복을 주셨다. 믿음의 결단이 룻의 인생을 복된 인생으로 바꾸어 준 것이다. 이방 여인이었으나, 보아스와 결혼하여 예수 그리스도의 족보에 참여하는 여인이 되는 복을 받았다. 우리의 삶에 흉년이 다가오고, 고난이 다가올 때, 그때가 우리의 신앙을 점검할 때이다. 우리의 인생에 흉년이 다가올 때 우리는 하나님과의 관계를 살펴보고 하나님을 향해서 돌이켜야 한다. 하나님은 우리가 하나님께 돌아오면 우리의 모든 죄를 용서하시고, 놀라운 은혜를 베풀어 주신다.

하나님은 은혜의 아버지이시다. 하나님은 우리의 필요한 모든 것을 채워주기 원하신다. 그러나 우리가 하나님의 놀라운 은혜 가운데 살지 못하는 이유는 하나님을 떠나 살고 있기 때문이다. 하나님은 우리가 하나님께 돌아오기만 하면 우리가 잃어버린 기쁨을 회복시켜 주시고 우리에게 놀라운 행복을 선물로 돌려주신다. 고난과 문제를 만날 때 우리에게 하나님이 원하는 우선순위는 하나님께 돌아가 하나님 중심으로 살아가는 삶이라는 것을 잊지 말자.

오늘의 묵상 포인트

- 나는 누군가를 사랑하기 때문에 희생을 감수한 적이 있는가?
- 예수님이 내게 물러 주신 기업은 무엇이라고 생각하는가?
- 하나님께 돌아갈 때 하나님이 내게 주신 은혜는 무엇인가?

나가는 말

　우리는 매일 수많은 문제를 만나며 살아간다. 요즘 대중매체에서는 제4차 산업 시대를 준비해야 한다고 역설한다. 인공지능, 로봇, 우주 산업, 반도체, IT 등에 더욱 관심을 가져야 한다고 말한다. 제4차 산업이 발전함에 따라 지금 존재하는 수많은 직업이 사라질 것이라고 한다. 이런 이야기를 들으면서 많은 사람이 미래에 대한 불안을 가지고 있다. 많은 젊은이가 대학을 졸업하고 직장을 얻지 못하여 청년 실업으로 고통받고 있다. 대한민국은 갈수록 신혼부부들의 출산율이 낮아져서 인구 감소가 걱정된다고 말한다. 우리가 당면하고 있는 수많은 문제를 우리는 어떻게 해결해야 할까?

　사람들은 문제를 만나면 먼저 자신을 돌아본다. 아무리 봐도 내가 이런 문제를 해결할 수 있는 능력이 없는 약한 사람이라는 생각이 들게 될 때, 사람들은 열등감에 시달리고, 낮은 자존감 때문에 힘들어하고, 앞으로 어떻게 살아야 하나 하는 막연한 두려움에 사로잡힌다. 그러나 우리 앞에 많은 문제가 있고, 우리 자신이 연약해 보여도 강하신 하나님이 우리를 돌보아 주시고,

우리를 인도해 주실 것이기 때문에 우리는 이런 문제들을 해결할 수 있다고 성경은 말한다. 하나님은 "약해도 괜찮다." "강하지 않아도 괜찮다."라고 말씀하신다. 우리가 약할지라도 강하신 하나님이 우리와 함께하셔서 우리를 도와주시고, 길을 인도해 주실 것이기 때문이다. 하나님은 약한 우리를 강하게 하신다.

우리는 이 책에서 상한 마음도 많고, 연약했던 성경의 인물들이 하나님과의 만남을 통해 강하게 되어 놀라운 승리를 거두고 믿음의 영웅들이 될 수 있었던 성경 말씀을 묵상하였다. 이 책은 성경에 기록된 믿음의 영웅들의 이야기만을 소개하는 데 그 목적이 있지는 않다. 오히려 그보다 수많은 문제를 만나고, 삶에 지쳐서 살아가는 현대의 사람들이 성경을 읽고, 묵상할 때 하나님은 오늘도 우리와 함께하셔서 약한 우리를 강하게 바꾸어 주시고 놀라운 승리를 주신다는 이야기를 하고자 하는 데 목적이 있다. 매일 성경을 묵상하며 하나님이 주시는 힘과 소망을 경험하고 살아가는 독자 여러분이 되시기를 기원한다. 우리 모두 하나님을 의지하고, 힘을 내자. 하나님이 함께하신다.